国家电网有限公司
STATE GRID
CORPORATION OF CHINA

（2022 版）

国家电网有限公司
供应商资质能力信息核实规范

第一册
35kV 及以上输变电设备

国家电网有限公司　组编

中国电力出版社
CHINA ELECTRIC POWER PRESS

内 容 提 要

本书是"国家电网有限公司供应商资质能力信息核实规范（2022 版）"中的《35kV 及以上输变电设备》分册，包括 35kV 及以上变压器，电流互感器，电压互感器，40.5kV 及以上断路器，40kV 及以上隔离开关，10kV 及以上电抗器，10kV 及以上小电阻接地成套装置、消弧线圈、接地变压器及成套装置，40.5kV 及以上组合电器，12kV～40.5kV 高压开关柜，电力电容器装置，35kV 及以上避雷器，支柱绝缘子，母线，35kV 及以上电缆，35kV 及以上电缆附件等 15 项供应商资质能力核实规范。

本书可供电力企业物资管理、数据管理等相关专业的工作人员及电力企业物资供应商参考学习。

图书在版编目（CIP）数据

国家电网有限公司供应商资质能力信息核实规范. 第一册，35kV 及以上输变电设备：2022 版 / 国家电网有限公司组编. —北京：中国电力出版社，2022.12
ISBN 978-7-5198-7135-2

Ⅰ. ①国…　Ⅱ. ①国…　Ⅲ. ①电力工业–工业企业管理–供销管理–管理规程–中国 ②输配电设备–供销管理–管理规程–中国　Ⅳ. ①F426.61-55

中国版本图书馆 CIP 数据核字（2022）第 186385 号

出版发行：中国电力出版社
地　　址：北京市东城区北京站西街 19 号（邮政编码 100005）
网　　址：http://www.cepp.sgcc.com.cn
责任编辑：穆智勇（zhiyong-mu@sgcc.com.cn）
责任校对：黄　蓓　马　宁
装帧设计：张俊霞
责任印制：石　雷

印　　刷：三河市百盛印装有限公司
版　　次：2022 年 12 月第一版
印　　次：2022 年 12 月北京第一次印刷
开　　本：787 毫米×1092 毫米　16 开本
印　　张：17
字　　数：380 千字
印　　数：0001—3000 册
定　　价：90.00 元

编 委 会

工 作 组

组　长　熊汉武

副组长　孙　萌　樊　炜　储海东　陈金猛

成　员　牛艳召　曾思成　刘岩松　党　冬　黄　柱　宋述贵
　　　　张　斌　张婧卿　孔宪国　王　冬　倪长爽　李　凌
　　　　耿　庆　王　兵　刘　松　李　萍　谢晓非　郝嘉诚
　　　　汪　贝　姜璐璐　李思行　许志斌　田　宇　刘晨晨
　　　　崔　强　高彦龙　王　伟　吴春生　周　京　冯三勇
　　　　孙宏志　陈之浩　韩　飞　陈　瑜　骆星智　章义贤
　　　　谢先明　吴　云　车东昀　吴皇均　王杨宁　周银春
　　　　金涌川　范文波　董德坤　刘红星　李　珂　南　天
　　　　陈文强　李伟锋　张　亮　王倩倩

《国家电网有限公司供应商资质能力信息核实规范（2022版）第一册　35kV及以上输变电设备》

本 册 编 写 人 员

李　辉	陈江波	陈金猛	张婧卿	孔宪国	王　冬
倪长爽	王　兵	刘　松	李　萍	谢晓非	郝嘉诚
汪　贝	许志斌	姜璐璐	田　宇	崔　强	姜永晓
陈　鹏	叶国雄	郭克勤	刘北阳	林一泓	冯　英
兰　剑	林　浩	雷晓燕	汤　霖	刘志强	张学军
张　虎	武文华	侯俊平	张　荣	阮　羚	范玉军
徐明忠	贺子鸣	于昕哲	武炬臻	田汇冬	梁福平
张振乾	邢彬彬	晁　阳	刘　焱	滕尚甫	唐　勇
季一鸣	陈晓明	刘　彬	吴士普	童　悦	葛志成
冯　亮	黄佳瑞	全姗姗	彭　静	郭慧浩	蔡胜伟
王欣盛	张　峰	国　江	王陆璐	陈国旗	邵茋峰
应　斯	黄小华	马　莉			

前　　言

国家电网有限公司采购电网设备材料主要采用公开招标的方式。在电网设备材料的招标文件中，对投标人的资质业绩、生产能力做了明确要求。供应商投标时，在投标文件中需要提供与资质业绩、生产能力相关的大量支持文件，专家在评标时也只能根据投标文件对供应商进行评价。为减少供应商制作投标文件时的重复性劳动，国家电网有限公司开展供应商资质能力信息核实工作。

为确保供应商资质能力信息核实工作的严谨规范，国家电网有限公司组织编制了涵盖主要输变电设备材料等物资的供应商资质能力信息核实规范，并按物资类别及适用范围分编为35kV及以上输变电设备，35kV及以上输变电装置性材料，营销、二次设备、信息化设备、通信设备，配电网设备和配电网材料五册，对供应商资质情况、设计研发、生产制造、试验检测、原材料/组部件管理等方面的核实内容、核实方法、有关要求做了明确的规定。核实规范是国家电网有限公司开展供应商资质能力信息核实的依据，同时供应商也可以对照进行自查和改进。

当前，面临保障安全可靠供应、加快清洁低碳转型、助力实现"双碳"目标重大战略任务，国家电网有限公司积极发挥能源电力产业链供应链链主企业优势，引导供应商向绿色制造、智能制造、低碳制造发展，在供应商资质能力信息核实规范中增加了供应商绿色化、智能化、数字化转型等方面的内容，适用范围扩展到特高压设备、材料等，同时依据现行国家标准、行业标准、团体标准、企业标准等标准化文件，对核实规范条款进行了优化完善。

国家电网有限公司将供应商资质能力信息核实作为一项常态化工作，定期组织开展，供应商自愿参加。供应商将相关资质业绩信息填入电子商务平台中的结构化模板，国家电网有限公司组织相关专家根据供应商提交的支持性材料，以及通过现场核对的方式对电子商务平台中的信息进行核实。已核实的资质能力信息，供应商投标时应用，可不再出具对应事项的原始证明材料，实现"基本信息材料一次收集、后续重复使用并及时更新"。这不仅大大降低了投标成本，也避免了供应商在制作投标文件时因人为失误遗漏部分材料而导致的废标，进一步优化了营商环境。

资质能力信息核实并非参与投标的前置必备条件，未参加核实的供应商仍可正常参与招投标活动。国家电网有限公司没有"合格供应商名录"。2020年开始，取消"一纸证明"发放，强化信息在线公示及应用，供应商随时登录电子商务平台查看，核实过的资质能力信息，供应商投标时直接在线应用，但不是资格合格标志，只作为评标时评审参考。

核实规范在编制中，得到了国家电网有限公司各单位、相关专家及部分供应商的大力支持与配合，在此表示衷心的感谢！

核实规范涉及内容复杂，不足之处在所难免，希望国家电网有限公司系统内外各单位及相关供应商在应用过程中多提宝贵意见。

编 者

2022 年 10 月

总　目　录

35kV 及以上变压器供应商资质能力信息核实规范

目　次

35kV 及以上变压器供应商资质能力信息核实规范

1 范围

本文件规定了国家电网有限公司对变压器产品供应商的资质条件及制造能力信息进行核实的依据。

本文件适用于国家电网有限公司 35kV 及以上交流变压器、±200kV 及以上多级式换流变压器产品供应商的信息核实工作。包括：

    a) 35kV 油浸式变压器；

    b) 35kV 干式变压器；

    c) 66kV 变压器；

    d) 110kV 变压器；

    e) 220kV 变压器；

    f) 330kV 变压器；

    g) 500kV 三相变压器；

    h) 500kV 单相变压器；

    i) 750kV 单相变压器；

    j) 1000kV 单相自耦变压器；

    k) ±200kV 换流变压器；

    l) ±400kV 换流变压器；

    m) ±600kV 换流变压器；

    n) ±800kV 换流变压器；

    o) ±1100kV 换流变压器。

2 规范性引用文件

下列文件中的内容通过文中的规范性引用而构成本文件必不可少的条款。其中，注日期的引用文件，仅该日期对应的版本适用于本文件；不注日期的引用文件，其最新版本（包括所有的修改单）适用于本文件。

    GB/T 1094.1 电力变压器 第 1 部分：总则

    GB/T 1094.2 电力变压器 第 2 部分：油浸式变压器的温升

    GB/T 1094.3 电力变压器 第 3 部分：绝缘水平、绝缘试验和外绝缘空气间隙

    GB/T 1094.5 电力变压器 第 5 部分：承受短路的能力

    GB/T 1094.10 电力变压器 第 10 部分：声级测定

    GB/T 1094.11 电力变压器 第 11 部分：干式变压器

GB/T 18494.2　变流变压器　第 2 部分：高压直流输电用换流变压器

GB/T 2900.95　电工术语　变压器、调压器和电抗器

GB/T 24843　1000kV 单相油浸式自耦电力变压器技术规范

3　资质信息

3.1　企业信息

3.1.1　※基本信息

查阅营业执照。

供应商为中华人民共和国境内依法注册的法人或其他组织。

3.1.2　法定代表人/负责人信息

查阅法定代表人/负责人身份证（或护照）。

3.1.3　财务信息

查阅审计报告、财务报表，其中审计报告为具有资质的第三方机构出具。

3.1.4　资信等级证明

查阅银行或专业评估机构出具的证明。

3.1.5　注册资本和股本结构

查阅验资报告。

3.2　报告证书

3.2.1　※检测报告

查阅检测报告、送样样品生产过程记录以及其他支撑资料。

a) 检测报告出具机构为国家授权的专业检测机构或者国际专业权威机构。境内检测机构具有计量认证证书（CMA）及中国合格评定国家认可委员会颁发的实验室认可证书（CNAS），且证书附表检测范围涵盖所核实产品。境外机构出具的检测报告同时提供中文版本或经公证后的中文译本。

b) 检测报告的委托方和产品制造方是供应商自身。

c) 检测产品类型与被核实的产品相一致。

d) 国家标准、行业标准规定的检测报告有效期有差异的，以有效期短的为准；国家标准、行业标准均未明确检测报告有效期的，检测报告有效期按长期有效认定。

e) 产品的检测报告符合相应的国家标准、行业标准、国家电网有限公司物资采购标准规定的试验项目和试验数值的要求，单份检测报告的试验项目应包含附录A中相应电压等级的全部试验项目。

f) 35kV～220kV 产品，同一电压等级至少有一个容量的产品做过短路承受能力试验项目，且试验结果合格。

g) 产品在设计、材料或制造工艺改变或者产品转厂生产或异地生产时，须重新进行相应的型式试验。

3.2.2 鉴定证书

查阅鉴定证书。

3.2.3 ※管理体系认证

查阅管理体系认证证书，具有质量管理体系证书且证书在有效期内，有定期年检记录且认证范围涵盖被核实产品。

3.3 产品业绩

查阅供货合同及相对应的合同销售发票。

a) 合同的供货方和实际产品的生产方均为供应商自身。

b) 出口业绩提供报关单、中文版本或经公证后的中文译本合同，业绩电压等级与国内不同时，往下取国内最接近的电压等级。

c) 不予统计的业绩有（不限于此）：

1) 与同类产品制造厂之间的业绩（2015 年以后国家电网有限公司变电站整站招标的除外）；

2) 作为元器件、组部件的业绩；

3) 供应商与经销商、代理商之间的业绩（出口业绩除外）。

4 设计研发能力

4.1 技术来源与支持

查阅与合作支持方的协议及设计文件图纸等相关信息。

4.2 设计研发内容

查阅产品研发的设计、试验、关键工艺技术、质量控制方面的情况。

4.3 设计研发人员

查阅设计研发部门的机构设置及人员信息。

4.4 设计研发工具

查阅实际研发设计工具等相关信息。

4.5 获得专利情况

查阅与产品相关的专利证书。

4.6 参与标准制（修）订情况

查阅主持或参与制（修）订并已发布的标准及相关证明材料信息。

4.7 产品获奖情况

查阅与产品相关的省部级及以上获奖证书的相关信息。

4.8 商业信誉

查阅企业相关国家、行业或第三方发布的综合实力、品牌等排名。

5 生产制造能力

5.1 ※生产厂房

查阅不动产权证书、土地使用权证、房屋产权证、厂房设计图纸、房屋租赁合同、用电客户编号等相关信息。

具有与产品相配套的厂房，厂房为自有或长期租赁，厂房面积、洁净程度能保证产品生产的需要。

5.2　※生产工艺

5.2.1　工艺控制文件

查阅工艺控制文件、管理体系文件及工艺流程控制记录等相关资料。

各工序的作业指导书、工艺控制文件齐全、统一、规范，并与现行的生产工艺一致。其工艺文件中所规定的关键技术要求和技术参数符合国家标准、电力行业标准、国家电网有限公司物资采购标准的要求。各工艺环节中无国家明令禁止的行为。

5.2.2　关键生产工艺控制

产品工艺技术成熟、稳定。从原材料/组部件到产品入库所规定的每道工序的工艺技术能保证产品生产的需要。生产产品的各个工序按工艺文件执行，现场记录内容规范、详实，具有可追溯性。现场定置管理，有明显的标识牌，主要生产设备的操作规程图表上墙。产品主体部分（铁心、线圈等）自行生产。

5.3　※生产设备

查阅设备的现场实际情况及购买发票等相关信息。

a)　具有与产品生产相适应的设备，设备自有，不能租用、借用其他公司的设备，且使用情况良好。生产设备应符合附录 B。

b)　设备使用正常。

5.4　生产、技术、质量管理人员

查阅人力资源部门管理文件（如劳动合同、人员花名册、社保证明等），包括生产、技术、质量管理等人员数量。结合现场实际情况，观察现场人员的操作水平。

a)　具有生产需要的专职生产人员及技术人员。一线生产人员培训上岗，操作熟练。

b)　具有质量管理组织机构、质量管理部门及人员。

6　试验检测能力

6.1　※试验场所

查看试验场所现场情况。

a)　220kV/±200kV 及以上产品具有独立、封闭的试验大厅，试验大厅尺寸能保证产品试验的需要，通过现场实际检测方式测量局部放电背景噪声，符合对应产品局部放电试验要求。

b)　110kV 及以下产品具有独立试验区域，试验区域面积、试验环境能保证产品试验的需要。

6.2　※试验检测管理

查阅相关的规章制度文件、原始记录及出厂试验报告等相关信息。

具有试验室管理制度、操作规程、试验标准，并在操作过程中严格按照规程执行。

6.3 ※试验检测设备

查阅设备的现场实际情况及购买发票等相关信息。

a) 具有全部出厂试验项目所需的设备，不能租用、借用其他公司的设备、或委托其他单位进行出厂试验。试验检测设备应符合附录 C。

b) 设备使用正常，具有相应资格单位出具的有效期内的检定证书或校准证书。

6.4 ※试验检测人员

查阅人力资源部门管理文件（如劳动合同、人员花名册等）、人员资质证书及培训记录。

试验人员能独立完成试验，操作熟练，能理解并掌握相关国家标准、电力行业标准和国家电网有限公司物资采购标准的有关规定，并具有一定的试验结果分析能力。高电压试验人员至少有 2 人，经过考核培训持证上岗。

6.5 ※现场抽样

6.5.1 抽查出厂试验报告及原始记录

现场抽查相近产品的 2 份出厂试验报告及原始记录，出厂试验报告及原始记录完整、正确，已存档管理。

6.5.2 抽样检测

原则上现场应对与被核实产品相同或相近型式的产品进行抽样检验。样品应在供应商声明的合格产品中抽取，抽样检验项目一般在出厂试验项目中选取。抽样检验重点核实供应商试验方法、试验场地环境、人员操作能力、仪器设备有效性和产品性能等方面。

在已具备出厂条件的产品中抽取 1 台，选取出厂试验项目中的 3 个项目，依据现行国家标准、行业标准进行试验，核实试验方法、试验场地环境、人员操作能力、仪器设备有效性和产品性能。

7 原材料/组部件管理

7.1 ※管理规章制度

查阅原材料/组部件管理规章制度。

a) 具有进厂检验制度或标准，具有原材料/组部件管理制度。

b) 具有主要原材料/组部件供应商筛选制度。

7.2 ※管理控制情况

查看原材料/组部件管理实际执行情况。

a) 设计选用的原材料/组部件符合国家或行业标准要求。采用的原材料/组部件无国家明令禁止的。35kV 及以上变压器应具备的原材料/组部件应符合附录 D。

b) 按工艺文件所规定的技术要求和相应管理文件，根据生产计划采购，有原材料/组部件供应商的评估筛选记录。主要原材料/组部件供应商变更有相应的报告并在相关工艺文件中说明。

c) 按规定进行进厂检验，验收合格后入库，检测记录完整详实，并具有可追溯性。

d) 物资仓库有足够的存储空间和适宜的环境，实行定置管理，分类独立存放，标识清晰、正确、规范、合理。

e) 原材料/组部件使用现场记录内容规范、详实，并具有可追溯性。

8 数智制造

应用互联网和物联网技术，打造"透明工厂"，生产制造、试验检验、原材料/组部件管理等信息对买方公开，接入国家电网电工装备智慧物联平台，包括：

a) 加强数字基础设施建设，推动数字技术与先进制造技术融合发展。供应商相关业务数据、原材料/组部件检验数据、生产过程检验数据、出厂试验数据、成品信息数据和视频数据等支持自动采集或系统推送。数据接口需保障数据完整性、正确性、安全性，具有可扩展性、通信实时性等。

b) 具有原材料/组部件数据及检验数据接入条件，从原材料采购直至原材料检验入库过程中关键工艺主要包括电工钢带片、绕组线 2 项。

c) 具有工艺控制数据及检测数据接入条件，关键工艺主要包括线圈制作、器身干燥数据、绝缘装配、油箱制作、器身装配、总装配及工艺处理 6 项。

d) 具有出厂试验数据接入条件，关键试验流程包括短路阻抗和负载损耗测量、空载损耗和空载电流测量、线端雷电全波冲击试验、操作冲击试验、外施耐压试验、感应耐压试验、带有局部放电测量的感应电压试验、温升试验、绝缘油试验、绕组电阻测量试验、直流绝缘电阻测量试验、线端雷电截波冲击试验、中性点端子雷电全波冲击试验、线端交流耐压试验、声级测量、绝缘油中溶解气体测量、频率响应测量、低电流阻抗、套管电容及介质损耗因数测量、有载分接开关试验 20 项。

e) 具有视频接入条件，设备视频数据采集应包括器身装配、总装配、试验大厅、控制室 4 个区域。

9 绿色发展

查看供应商资源能源消耗情况、战略体系、绿色认证及其他支撑材料，包括：

a) 相关油、水、气、煤及电力、热力等能源消耗，建立能源利用统计报表制度，分析生产经营环节能源利用情况。

b) 相关绿色工厂认证、绿色产品标识、绿色供应链管理等相关资质文件。

c) 将绿色发展理念融入战略体系中，并形成明确的绿色发展目标，制定详实且具有操作性的实施路径。

d) 建立、实施并保持支撑企业绿色低碳发展的绿色管理体系情况，包括但不限于能源管理体系、碳排放管理体系、能源计量管理体系等。

e) 使用无害原材料，禁止使用国家明令禁止的淘汰设备、工艺技术等，并应用国家鼓励的节能设备与先进工艺技术情况。

f) 建立完善的绿色采购管理制度，推广绿色包装材料应用，并建立系统的循环利用体系，实施绿色制造情况。

g) 生产环节的大气污染物排放、水体污染物排放、固体废弃物排放、噪声排放等基础排放符合相关国家标准及地方标准要求情况。

10 售后服务及产能

查阅管理文件、组织机构设置、人员档案以及售后服务记录等相关信息。

产能情况通过现场实际情况及供应商提供的产能计算报告，根据产品生产的瓶颈进行判断，产能计算公式应参考附录 E。

本文件中所有核实内容都将对供应商参与招投标活动有重要影响，其中标记"※"的内容是以往招标必备项的要求，也是重点核实内容，其他未标记"※"的为一般核实内容。

附 录 A
试验报告包含试验项目

A.1 1000kV 电力变压器试验报告包含试验项目

1000kV 电力变压器试验报告包含试验项目应符合表 A.1。

表 A.1 1000kV 电力变压器试验报告包含试验项目

序号	试验项目一般名称	试验对象（主体变压器/调压补偿变压器/变压器整体）	报告项目范围	例行试验
1	绕组电阻测量	主体变、调补变	报告应具备	是
2	电压比测量和联结组标号检定	主体变、调补变、整体变	报告应具备	是
3	短路阻抗和负载损耗测量	主体变、调补变、整体变	报告应具备	是
4	空载损耗和空载电流测量	主体变、调补变、整体变	报告应具备	是
5	绕组绝缘系统的介质损耗因数（tanδ）和电容量测量	主体变、调补变	报告应具备	是
6	绕组对地及绕组间直流绝缘电阻测量	主体变、调补变	报告应具备	是
7	铁心及夹件绝缘电阻测量	主体变、调补变	报告应具备	是
8	线端操作冲击试验	整体变	报告应具备	是
9	线端雷电全波试验（LI）	整体变	报告应具备	是
10	线端雷电截波试验（LIC）、中性点端子雷电全波试验（LIN）	整体变	报告应具备	是
11	外施耐压试验（AV）	主体变、调补变	报告应具备	是
12	线端交流耐压试验（LTAC）/中压短时感应耐压试验（ACSD）	主体变	报告应具备	是
13	带有局部放电测量的感应电压试验	主体变、调补变	报告应具备	是
14	绕组频响特性试验	主体变、调补变	报告应具备	是
15	空载电流谐波测量	整体变	—	是
16	长时间空载试验	主体变	报告应具备	是
17	风扇和油泵电机的吸取功率测量	主体变	报告应具备	是

表 A.1（续）

序号	试验项目一般名称	试验对象（主体变压器/调压补偿变压器/变压器整体）	报告项目范围	例行试验
18	变压器密封试验/压力密封试验	主体变、调补变	报告应具备	是
19	绝缘液试验	主体变、调补变	报告应具备	是
20	绝缘液中溶解气体测量	主体变、调补变	报告应具备	是
21	套管型电流互感器试验	主体变、调补变	报告应具备	是
22	套管的介质损耗因数（tanδ）和电容量测量	主体变、调补变	报告应具备	是
23	分接开关试验	调补变	报告应具备	是
24	油箱机械强度试验	主体变、调补变	—	否
25	温升试验	主体变、调补变	报告应具备	否
26	声级测定	整体变	报告应具备	否
27	无线电干扰水平测量	整体变	报告应具备	否
28	油流静电试验（冷却方式为ODAF 时）	主体变	报告应具备	否

A.2 750kV、500kV、330kV、220kV 电力变压器试验报告包含试验项目

750kV、500kV、330kV、220kV 电力变压器试验报告包含试验项目应符合表 A.2。

表 A.2 750kV、500kV、330kV、220kV 电力变压器试验报告包含试验项目

序号	试验项目一般名称	试验项目其他名称	报告项目范围	例行试验
1	绕组电阻测量	—	报告应具备	是
2	电压比测量和联结组标号检定	—	报告应具备	是
3	短路阻抗和负载损耗测量	—	报告应具备	是
4	空载损耗和空载电流测量	空载电流和空载损耗测量	报告应具备	是
5	绕组对地及绕组间直流绝缘电阻测量	绕组对地绝缘电阻测量	报告应具备	是
6	铁心和夹件绝缘检查	—	2018年1月1日后报告应具备	是
7	外施耐压试验（AV）	—	报告应具备	是
8	带有局部放电测量的感应电压试验（IVPD）	长时感应电压试验（ACLD）	报告应具备	是

表 A.2（续）

序号	试验项目一般名称	试验项目其他名称	报告项目范围	例行试验
9	线端雷电全波试验（LI）	雷电冲击试验	报告应具备	是
10	线端雷电截波试验（LIC）、中性点端子雷电全波试验（LIN）	雷电冲击试验	报告应具备	否
11	线端操作冲击试验	操作冲击试验	报告应具备	是
12	有载分接开关试验	—	有载调压变压器报告应具备	对于有载调压变压器是例行试验
13	压力密封试验	密封试验	报告应具备	是
14	绝缘液试验	绝缘油试验	报告应具备	是
15	绕组对地和绕组间电容测量	绕组绝缘系统电容和介质损耗因数测量	报告应具备	是
16	绝缘系统电容的介质损耗因数（tanδ）测量	绕组绝缘系统电容和介质损耗因数测量	报告应具备	是
17	温升试验	—	报告应具备	否
18	声级测定	—	报告应具备	否
19	风扇和油泵电机功率测量	风扇电机功率测量（适用于风冷变压器）	2018 年 1 月 1 日后的非自冷变压器报告应具备	否
20	在 90% 和 110% 额定电压下的空载损耗和空载电流测量	—	2018 年 1 月 1 日后报告应具备	是
21	线端交流耐压试验（LTAC）	短时感应耐压试验（ACSD）	报告应具备	否
22	三相变压器零序阻抗测量	—	三相变压器报告应具备	否
23	短路承受能力试验	—	220kV 电压等级至少有一个容量的产品应具备	否

A.3 ±1100kV、±800kV 换流变压器试验报告包含试验项目

±1100kV、±800kV 换流变压器试验报告包含试验项目应符合表 A.3。

表 A.3 ±1100kV、±800kV 换流变压器试验报告包含试验项目

序号	试验项目一般名称	试验项目其他名称	报告项目范围	例行试验
1	联结组标号检定	—	报告应具备	是
2	电压比测量	—	报告应具备	是
3	绕组直流电阻测量	—	报告应具备	是

表 **A**.3（续）

序号	试验项目一般名称	试验项目其他名称	报告项目范围	例行试验
4	空载损耗和空载电流测量	—	报告应具备	是
5	主分接和极限分接上的负载损耗和短路阻抗测量	—	报告应具备	是
6	绝缘液中溶解气体测量	绝缘油试验	报告应具备	是
7	温升试验		报告应具备	是（1.0p.u.下为例行试验，1.0p.u.倍以上的负载下温升试验为型式试验）
8	雷电全波冲击试验	线端雷电全波试验（LI）	报告应具备	是
9	雷电截波冲击试验	线端雷电截波试验（LIC）	报告应具备	2024年1月1日后是例行试验
10	操作冲击试验	线端操作冲击试验	报告应具备	是
11	阀侧绕组的外施操作冲击试验	操作冲击试验	报告应具备	是
12	直流耐压试验	包括局部放电测量和声波探测测量的外施直流电压耐受试验	报告应具备	是
13	极性反转试验	包括局部放电测量的极性反转试验	报告应具备	是
14	网侧绕组的外施交流耐压试验	外施耐压试验（AV）	报告应具备	是
15	阀侧绕组的外施交流耐压试验	外施耐压试验（AV）	报告应具备	是
16	带有局放测量的感应电压试验	带有局部放电测量的感应电压试验（IVPD）	报告应具备	是
17	过励磁试验	长时空载试验	报告应具备	是
18	油泵运行时的感应电压试验	转动油泵时的局部放电测量	报告应具备	是
19	绕组绝缘电阻测量	—	报告应具备	是
20	铁心绝缘电阻测量	—	报告应具备	是
21	声级测定		报告应具备	否
22	有载分接开关试验	—	报告应具备	是

14

表 A.3（续）

序号	试验项目一般名称	试验项目其他名称	报告项目范围	例行试验
23	绕组对地和绕组间电容测量	绕组绝缘系统电容和介质损耗因数测量	报告应具备	是
24	绝缘介质损耗因数测量	绕组绝缘系统电容和介质损耗因数测量	报告应具备	是
25	风扇和油泵电机功率测量	风扇电机功率测量（适用于风冷变压器）	2018年1月1日后的非自冷变压器报告应具备	是
26	在90%和110%额定电压下的空载损耗和空载电流测量	—	2018年1月1日后报告应具备	是
27	辅助设备、控制线路及电流互感器二次绕组接线的耐压试验	—	2022年10月1日后报告应具备	是
28	所有辅助设备的操作试验	—	2022年10月1日后报告应具备	是
29	压力密封试验	密封试验	报告应具备	是
30	压力变形试验	—	报告应具备	否

A.4　110（66）kV 电力变压器试验报告包含试验项目

110（66）kV 电力变压器试验报告包含试验项目应符合表 A.4。

表 A.4　110（66）kV 电力变压器试验报告包含试验项目

序号	试验项目一般名称	试验项目其他名称	报告项目范围	例行试验
1	绕组电阻测量	—	报告应具备	是
2	电压比测量和联结组标号检定	—	报告应具备	是
3	短路阻抗和负载损耗测量	—	报告应具备	是
4	空载损耗和空载电流测量	空载电流和空载损耗测量	报告应具备	是
5	绕组对地及绕组间直流绝缘电阻测量	绕组对地绝缘电阻测量	报告应具备	是
6	铁心和夹件绝缘检查	—	2018年1月1日后报告应具备	是
7	外施耐压试验	—	报告应具备	是
8	线端交流耐压试验（LTAC）	短时感应耐压试验（ACSD）	110kV 变压器应具备	对于110kV 变压器是例行试验

表 A.4（续）

序号	试验项目一般名称	试验项目其他名称	报告项目范围	例行试验
9	线端雷电全波试验（LI）	雷电冲击试验	报告应具备	是
10	线端雷电截波试验（LIC）、中性点端子雷电全波试验（LIN）	雷电冲击试验	报告应具备	否
11	有载分接开关试验	—	有载调压变压器报告应具备	对于有载调压变压器是例行试验
12	压力密封试验	密封试验	报告应具备	是
13	绝缘液试验	绝缘油试验	报告应具备	是
14	绕组对地和绕组间电容测量	绕组绝缘系统电容和介质损耗因数测量	报告应具备	是
15	绝缘系统电容的介质损耗因数（$\tan\delta$）测量	绕组绝缘系统电容和介质损耗因数测量	报告应具备	是
16	温升试验	—	报告应具备	否
17	声级测定	—	报告应具备	否
18	在90%和110%额定电压下的空载损耗和空载电流测量	—	2018年1月1日后报告应具备	对于110kV变压器是例行试验
19	带有局部放电测量的感应电压试验（IVPD）	长时感应电压试验（ACLD）（2019年1月1日前）	2019年1月1日后的110kV变压器和额定容量在10000kVA及以上66kV变压器报告应具备	对于110kV变压器和额定容量在10000kVA及以上66kV变压器是例行试验
20	三相变压器零序阻抗测量	—	三相变压器报告应具备	否
21	短路承受能力试验	—	同一电压等级至少有一个容量的产品具备	否

A.5 35kV 电力变压器试验报告包含试验项目

35kV 电力变压器试验报告包含试验项目应符合表 A.5。

表 A.5　35kV 电力变压器试验报告包含试验项目

序号	试验项目一般名称	试验项目其他名称	报告项目范围	例行试验
1	绕组电阻测量	—	报告应具备	是
2	电压比测量和联结组标号检定	—	报告应具备	是
3	短路阻抗和负载损耗测量	—	报告应具备	是
4	空载损耗和空载电流测量	空载电流和空载损耗测量	报告应具备	是
5	绕组对地及绕组间直流绝缘电阻测量	绝缘电阻测量	报告应具备	是
6	外施耐压试验	—	报告应具备	是
7	感应耐压试验	—	报告应具备，报告中如有"带有局部放电测量的感应电压试验（IVPD）"项目，也视为具备此项	是
8	线端雷电全波试验（LI）	雷电冲击试验	报告应具备	否
9	线端雷电截波试验（LIC）、中性点端子雷电全波试验（LIN）	雷电冲击试验	油浸式变压器报告应具备	否
10	有载分接开关试验	—	有载调压变压器报告应具备	对于有载调压变压器是例行试验
11	压力密封试验	密封试验	油浸式变压器报告应具备	对于油浸式变压器是例行试验
12	绝缘液试验	绝缘油试验	油浸式变压器报告应具备	对于油浸式变压器是例行试验
13	绕组对地和绕组间电容测量	绕组绝缘系统电容和介质损耗因数测量	额定容量在 8000kVA 及以上油浸式变压器报告应具备	对于额定容量在 8000kVA 及以上油浸式变压器是例行试验
14	绝缘系统电容的介质损耗因数（$\tan\delta$）测量	绕组绝缘系统电容和介质损耗因数测量	额定容量在 8000kVA 及以上油浸式变压器报告应具备	对于额定容量在 8000kVA 及以上油浸式变压器是例行试验
15	温升试验	—	报告应具备	否

表 A.5（续）

序号	试验项目一般名称	试验项目其他名称	报告项目范围	例行试验
16	声级测定	—	报告应具备	否
17	在 90%和 110%额定电压下的空载损耗和空载电流测量	—	2018 年 1 月 1 日后报告应具备	否
18	局部放电测量	局部放电试验	干式变压器报告应具备	对于干式变压器是例行试验
19	短路承受能力试验	—	35kV 电压等级至少有一个容量的产品应具备	否

附 录 B
生 产 设 备

35kV 及以上变压器应具备的生产设备应符合表 B.1。

表 B.1　生 产 设 备 表

制造工艺名称	设备/设施名称	规格参数和要求						
		35kV	110（66）kV	220kV	330kV	500kV 及以上	1000kV	±800kV 及以上换流变
铁心制造	横向剪切设备	最大剪切宽度≥400mm	最大剪切宽度≥600mm	最大剪切宽度≥800mm	最大剪切宽度≥800mm	最大剪切宽度≥800mm	最大剪切宽度≥800mm	最大剪切宽度≥800mm
	叠装（翻转）台	额定负荷≥10t	额定负荷≥30t	额定负荷≥100t	额定负荷≥150t	额定负荷≥160t	额定负荷≥240t	额定负荷≥200t
绕组制造	立式绕线机	—	—	最大载重≥10t	最大载重≥20t	最大载重≥20t	最大载重≥40t	最大载重≥30t
	卧式绕线机	最大载重≥3t	最大载重≥5t	最大载重≥10t	最大载重≥10t	最大载重≥10t	最大载重≥25t	最大载重≥20t
	轴向压紧设备（油浸式产品具备）	√	√	√	√	√	√	√
	线圈干燥系统（炉）（油浸式产品具备）	—	√	√	√	√	√	√
	树脂真空浸渍设备（干式产品具备）	√	—	—	—	—	—	—
器身干燥（油浸式产品具备）	器身干燥炉	煤油气相干燥炉或变压法干燥炉	煤油气相干燥炉或变压法干燥炉	煤油气相干燥炉	煤油气相干燥炉	煤油气相干燥炉	煤油气相干燥炉	煤油气相干燥炉
绝缘油处理（油浸式产品具备）	真空滤油机（组）	√	√	√	√	√	√	√
真空注油（油浸式产品具备）	真空机组	√	√	√	√	√	√	√

表 B.1（续）

制造工艺名称	设备/设施名称	规格参数和要求						
		35kV	110（66）kV	220kV	330kV	500kV 及以上	1000kV	±800kV 及以上换流变
总装配	气垫车	—	—	—	√	√	√	√
	起重设备（行车）	最大起重量≥20t	最大起重量≥50t	最大起重量≥200t	最大起重量≥200t	最大起重量≥200t	最大起重量≥400t	最大起重量≥300t
注："√"及有规格参数要求的设备为主要设备；"—"表示不作要求。								

附 录 C
试 验 设 备

35kV 及以上变压器应具备的试验设备应符合表 C.1。

表 C.1 试 验 设 备 表

序号	试验设备名称	产品范围	检定证书或校准证书
1	冲击电压发生器	110kV 及以上产品必备	需提供
2	直流电压发生器	±200kV 及以上换流变压器产品必备	需提供
3	局部放电测试仪	干式变压器和 66kV 及以上产品必备	需提供
4	电容补偿装置	66kV 及以上产品必备	—
5	绕组变形测试仪	66kV 及以上产品必备	需提供
6	油色谱分析仪	66kV 及以上产品必备	需提供
7	绝缘油中微水含量测试仪	66kV 及以上产品必备	需提供
8	油耐压测试仪	油浸式产品必备	需提供
9	绝缘油介质损耗测试仪	油浸式产品必备	需提供
10	变压器油颗粒度测试仪	±200kV 及以上产品必备	需提供
11	声级计	必备	需提供
12	直流电阻测试仪	必备	需提供
13	变比测试仪	必备	需提供
14	绝缘电阻测试仪	必备	需提供
15	变压器整体介质损耗测试仪	必备	需提供
16	试验变压器（外施耐压试验用）/串联谐振装置	必备	—
17	中频发电机组/变频电源	—	—
18	功率分析仪/电压表、电流表及功率表	必备	需提供
19	电流互感器	必备	需提供
20	电压互感器	—	需提供
21	工频发电机组	—	—
22	中间变压器	—	—
23	调压器	—	—

附 录 D
原 材 料 / 组 部 件

35kV 及以上变压器应具备的原材料/组部件应符合表 D.1。

表 D.1 原 材 料 / 组 部 件 表

序号	原材料/组部件名称	原材料/组部件范围
1	硅钢片	必备
2	电磁线	必备
3	绝缘油	油浸式变压器必备
4	套管	油浸式变压器必备
5	储油柜	66kV 及以上油浸式变压器必备
6	冷却器或散热器	油浸式变压器必备
7	分接开关	油浸式变压器必备
8	绝缘件	油浸式变压器必备
9	密封材料	油浸式变压器必备
10	套管式电流互感器	66kV 及以上油浸式变压器必备
11	风扇	220kV 及以上油浸式变压器必备
12	气体继电器	油浸式变压器必备
13	压力释放阀	油浸式变压器必备
14	油位计	油浸式变压器必备
15	温度计、油面温控器	油浸式变压器必备
16	绕组温控器	220kV 及以上油浸式变压器必备
17	控制箱	适用于非自冷
18	胶囊、吸湿器	—
19	速动油压继电器	适用于 220kV 及以上变压器
20	潜油泵、油流继电器	适用于强迫油循环

附 录 E
产 能 计 算

E.1 概述

各类型变压器的年产能评估是通过对表 E.1 中的典型变压器在制造及试验时所用的关键设备设施进行计算得到。

表 E.1 产能计算考虑的变压器典型结构及容量

序号	变压器类型	典型结构	典型容量
1	35kV 干式	三相双绕组	1.6MVA
2	35kV 油浸	三相双绕组	10MVA
3	66kV 油浸	三相双绕组	40MVA
4	110kV 油浸	三相双绕组	50MVA
5	220kV 油浸	三相三绕组	180MVA
6	330kV 油浸	三相自耦三绕组	240MVA
7	500kV 油浸	单相自耦三绕组	250MVA
8	750kV 油浸	单相自耦三绕组	500MVA

E.2 关键设备设施年产能计算

某电压等级下某制造/试验子工艺各关键设备设施的年产能 P_{ci} 可按式（E.1）计算，注意所计算设备应与电压等级相匹配。

关键设备设施套数 n_i 应是供应商在制造/试验该变压器类型时实际所用的关键设备设施套数。关键设备设施单次同时处理产品台数 s_i 应是在制造/试验该变压器类型时该种关键设备设施实际单次能够同时处理的产品台数。关键设备设施单次处理产品所需天数 r_i 应与供应商生产人员实际使用该种关键设备设施单次处理产品所需天数相符，且不应小于表 E.2 中列出的数值。

$$P_{ci}=dn_is_i/r_i \qquad (E.1)$$

式中：

P_{ci}——某电压等级下某制造/试验子工艺各关键设备设施的年产能，台/年；

d——年工作天数，取 365；

n_i——该种关键设备设施套数；

s_i——该种关键设备设施单次同时处理产品台数，台；

r_i——该种关键设备设施单次处理产品所需天数。

表 E.2 变压器制造/试验子工艺关键设备设施及单次处理产品所需天数最小值

制造/试验工艺	制造/试验子工艺	设备设施	设备设施单次处理产品所需天数 r_i 最小值							
			35kV 干式	35kV 油浸	66kV 油浸	110kV 油浸	220kV 油浸	330kV 油浸	500kV 油浸	750kV 油浸
铁心制造	铁心叠装	叠装翻转台	0.2	1.2	1.5	1.5	3	3	3	5
绕组制造	线圈绕制	立式绕线机	1	2	3	3	7	9	8	12
		卧式绕线机	1	1	1	1	—	—	—	—
	真空浸渍	树脂真空浸渍设备（干式）	0.3	—	—	—	—	—	—	—
器身干燥（油浸式）	器身干燥	煤油气相干燥炉	—	2	2	2	3.5	3.5	4.5	6
		变压法干燥炉	—	2	2	2	—	—	—	—
出厂试验	出厂试验	实验室	0.5	1	2	2	3	3	3	4

E.3 制造/试验子工艺年产能计算

某电压等级下各制造/试验子工艺的年产能 P_c 是该制造/试验子工艺各关键设备设施的年产能 P_{ci} 的总和，按式（E.2）计算。

$$P_c = \sum P_{ci} \qquad (E.2)$$

式中：

P_c——某电压等级下各制造/试验子工艺的年产能，台/年。

E.4 变压器年产能计算

各电压等级变压器的年产能 P 取各制造/试验子工艺年产能 P_c 中的最小值（考虑瓶颈工艺），如按式（E.3）计算，结果应向下取整。

$$P = \min\{P_c\} \qquad (E.3)$$

式中：

P——各电压等级变压器的年产能，台/年。

E.5 变压器年产能报告内容

变压器年产能报告中应包含如表 E.3 的产能计算表。

表 E.3 某类型变压器产能计算表

制造/试验工艺	制造/试验子工艺	设备设施						子工艺年产能 P_c
		名称	型号/代号	套数 n_i	同时处理台数 s_i	单次处理天数 r_i	年产能 P_{ci}	
铁心制造	铁心叠装	叠装翻转台	......					
绕组制造	线圈绕制	立式绕线机	......					
		卧式绕线机	......					
	真空浸渍	树脂真空浸渍设备（干式）	......					
器身干燥（油浸式）	器身干燥	煤油气相干燥炉	......					
		变压法干燥炉	......					
出厂试验	出厂试验	实验室	......					
××kV 油浸式/干式变压器年产能 P：								

电流互感器供应商资质能力
信息核实规范

目　次

电流互感器供应商资质能力信息核实规范

1 范围

本文件为国家电网有限公司对交、直流电流互感器产品供应商的资质条件及制造能力信息进行核实的依据。

本文件适用于国家电网有限公司 35（10）kV 及以上交、直流电流互感器产品供应商的信息核实工作。包括：

a) 35kV 及以上电磁式电流互感器；

b) 35（10）kV 户外干式电流互感器；

c) 35kV 及以上电子式电流互感器；

d) 光学式直流电流互感器。

2 规范性引用文件

下列文件中的内容通过文中的规范性引用而构成本文件必不可少的条款。其中，注日期的引用文件，仅该日期对应的版本适用于本文件；不注日期的引用文件，其最新版本（包括所有的修改单）适用于本文件。

GB/T 311.1 高压输变电设备的绝缘配合

GB/T 7252 变压器油中溶解气体分析和判断导则

GB/T 7595 运行中变压器油质量标准

GB/T 8905 六氟化硫电气设备中气体管理和检测导则

GB/T 11023 高压开关设备 SF_6 气体密封试验导则

GB/T 13540 高压开关设备抗地震性能试验

GB/T 20840.1 互感器 第 1 部分：通用技术要求

GB/T 20840.2 互感器 第 2 部分：电流互感器的补充技术要求

GB/T 20840.6 互感器 第 6 部分：低功率互感器的补充通用技术要求

GB/T 20840.8 互感器 第 8 部分：电子式电流互感器

GB/T 20840.9 互感器 第 9 部分：互感器的数字接口

GB/T 26216.1 高压直流输电系统直流电流测量装置 第 1 部分：电子式直流电流测量装置

GB/T 26216.2 高压直流输电系统直流电流测量装置 第 2 部分：电磁式直流电流测量装置

GB/T 31238 1000kV 交流电流互感器技术规范

DL/T 722　变压器油中溶解气体分析和判断导则
DL/T 725　电力用电流互感器使用技术规范

3　资质信息

3.1　企业信息
3.1.1　※基本信息
查阅营业执照。
供应商为中华人民共和国境内依法注册的法人或其他组织。

3.1.2　法定代表人/负责人信息
查阅法定代表人/负责人身份证（或护照）。

3.1.3　财务信息
查阅审计报告、财务报表，其中审计报告为具有资质的第三方机构出具。

3.1.4　资信等级证明
查阅银行或专业评估机构出具的证明。

3.1.5　注册资本和股本结构
查阅验资报告。

3.2　※报告证书
3.2.1　检测报告
查阅检测报告、送样样品生产过程记录以及其他支撑资料。检测报告需符合以下要求：

a）检测报告出具机构为国家授权的专业检测机构或者国际专业权威机构。境内检验机构具有计量认证证书（CMA）及中国合格评定国家认可委员会颁发的实验室认可证书（CNAS），且证书附表检测范围涵盖所核实产品。境外机构出具的检测报告同时提供中文版本或经公证后的中文译本。

b）报告的委托方和被试品制造方是供应商自身。

c）试品型号与被核实的产品相一致，被核实产品需具有型式试验报告。

d）不同电压等级、不同结构型式、不同型号互感器的检测报告不可相互代替。

e）产品的型式试验符合相应的国家标准、行业标准、国家电网有限公司物资采购标准规定的要求。型式试验报告项目需符合附录A。

f）产品型式试验报告的试验项目齐全，且所有试验项目在同一台产品上完成。

g）国家标准、行业标准规定的检测报告有效期有差异的，以有效期短的为准；国家标准、行业标准均未明确检测报告有效期的，检测报告有效期按长期有效认定。

h）产品在设计、工艺、生产条件或所使用的材料和主要元器件、组部件做重要改变时，产品需重新进行型式试验。

3.2.2　管理体系认证
查阅管理体系认证证书，具有质量管理体系证书且证书在有效期内，有定期年检记录且认证范围涵盖被核实产品。

3.3 产品业绩

查阅供货合同及相对应的合同销售发票。

a) 合同的供货方和实际产品的生产方均为供应商自身。出口业绩合同提供中文版本或经公证后的中文译本。业绩电压等级往下认可最接近的电压等级。

b) 不予统计的业绩有（不限于此）：

　　1) 与同类产品制造厂之间的业绩（2015 年以后国家电网有限公司变电站整站招标的除外）；

　　2) 作为元器件、组部件的业绩；

　　3) 与经销商、代理商之间的业绩（出口业绩除外）。

4 设计研发能力

4.1 技术来源与支持

查阅与合作支持方的协议及设计文件图纸等相关信息。

4.2 设计研发内容

查阅新产品、新材料的设计、试验、关键工艺技术、质量控制方面的研发情况。

4.3 设计研发人员

查阅设计研发部门的机构设置及人员信息。

4.4 设计研发工具

查验供应商实际研发设计工具。

4.5 获得专利情况

查阅专利证书。

4.6 参与标准制（修）订情况

查阅参与制定并已颁布的标准等证明材料信息。

4.7 产品获奖情况

查阅获奖证书等相关信息。

4.8 商业信誉

查阅企业相关国家、行业或第三方发布的综合实力、品牌等排名。

5 生产制造能力

5.1 ※生产厂房

查阅不动产权证书、土地使用权证、房屋产权证、厂房设计图纸、用电客户编号等相关信息。具有独立封闭的厂房，厂房若为租用，则提供长期租用合同。其厂房面积、洁净程度能满足生产需要，有相关检测设备和记录，车间布置合理，保障人员以及产品或组部件的进出不影响车间的环境条件。

互感器生产车间的绝缘结构件制作车间和器身组装车间具有可控的温湿度和洁净度。

5.2 ※生产工艺

5.2.1 工艺控制文件

查阅工艺控制文件、管理体系文件及工艺流程控制记录等相关资料。

具有完整的工艺控制体系，各工序的作业指导书、工艺控制文件齐全、统一、规范。重要工艺环节的操作手册齐全，工艺文件中所规定的关键技术要求和技术参数不低于国家标准、电力行业标准、国家电网有限公司企业标准和物资采购标准的规定。各工艺环节中无国家明令禁止的行为。各类互感器主要工艺环节如下：

a) SF_6电磁式电流互感器：铁心磁性能控制、线圈绕制、器身干燥处理、充放气工艺、电场结构件的制作（处理）、装配工艺等。

b) 油浸式电磁式电流互感器：铁心磁性能控制、线圈绕制、油处理、绝缘包扎、器身干燥处理、真空注油、装配工艺等。

c) 干式电磁式电流互感器：铁心磁性能控制、线圈绕制、绝缘包扎、器身干燥处理、真空浇注、装配工艺、复合绝缘硅橡胶成型工艺等。

d) 电子式电流互感器：传感器制作、光纤绝缘子制作、采集单元生产调试、装配工艺等。

e) 光学式直流电流互感器：传感头制作、光纤绝缘子制作、采集单元生产调试、装配工艺等。

5.2.2 关键生产工艺控制

产品工艺技术成熟、稳定。从原材料、组部件到产品入库所规定的每道工序的工艺技术能保证产品生产的需要。生产产品的各个工序按工艺文件执行，现场记录内容规范、详实，并具有可追溯性。现场定置管理，有明显的标识，主要生产设备的操作规程图表上墙。

5.3 ※生产设备

查阅设备的现场实际情况及购买合同、发票等相关信息。

a) 具有与产品生产相适应的设备，不能租用或借用。

b) 各类互感器产品主要生产设备如下：

1) SF_6电磁式电流互感器：线圈绕制设备、器身干燥设备、气体回收装置；

2) 油浸式电磁式电流互感器：线圈绕制设备、器身干燥设备、油处理设备、真空注油设备、器身包扎机；

3) 干式电磁式电流互感器：线圈绕制设备、器身干燥设备、真空环氧浇注设备（浇注式）、器身包扎机（复合式）、浇注体后固化加温烘箱；

4) 电子式电流互感器：线圈绕制设备（罗氏/空心线圈或LPCT传感原理）、保偏光纤熔接机（全光纤传感原理）、元件老化筛选设备、气体回收装置（SF_6绝缘）；

5) 光学式直流电流互感器：保偏光纤熔接机（全光纤传感原理）、光纤绝缘子灌胶设备、元件老化筛选设备。

c) 设备使用正常，建立设备管理档案（包括使用说明、台账、保养维护记录等），其维修保养等记录规范详实，具有可追溯性。设备中的计量仪器仪表具有合格的检定或校准证书，并在有效期内。

5.4 生产、技术、质量管理人员

查阅人力资源部门管理文件（如劳动合同、人员花名册等），包括生产、技术、质量管理等人员数量，结合现场实际情况，观察现场人员的操作水平。人员管理方面须符合以下要求：

a) 具有生产需要的专职生产及技术人员，且不得借用其他公司人员。各个生产环节的员工能够熟练操作设备、工装器具，并能得到定期培训。

b) 具有质量管理组织机构、质量管理部门及人员。

6 试验检测能力

6.1 ※试验场所

查看试验场所现场情况。

具有与试验产品相配套的试验场所，不能租用其他单位的试验场所。局部放电测量试验场所需具有相应的屏蔽措施，测量系统需满足背景干扰不大于规定允许局部放电水平的50%。当允许局部放电水平不大于 10pC 时，背景干扰可为允许局部放电水平的100%。

6.2 ※试验检测管理

查阅相关的规章制度文件、过程记录及试验报告等相关信息。

具有试验室管理制度、操作规程、试验标准及完整的试验原始记录，并在操作过程中严格按照规程执行。

6.3 ※试验检测设备

查阅设备的现场实际情况及购买合同、发票等相关信息。

a) 具有出厂例行试验项目需要的设备，主要试验设备如下：

1) SF_6电磁式电流互感器：工频耐压试验设备、误差试验设备、局部放电测量设备、SF_6含水量测量设备；

2) 油浸式电磁式电流互感器：工频耐压试验设备、误差试验设备、局部放电测量设备、介质损耗因数测量设备、变压器油耐压设备、变压器油介质损耗设备、变压器油微水设备、变压器油色谱设备；

3) 干式电磁式电流互感器：工频耐压试验设备、误差试验设备、局部放电测量设备、介质损耗因数测量设备（复合绝缘）；

4) 电子式电流互感器：光功率计、光纤端面检测仪、温度循环试验设备、SF_6含水量测量设备（SF_6绝缘）、工频耐压试验设备、误差试验设备、局部放电测量设备；

5) 光学式直流电流互感器：光功率计、光纤端面检测仪、温度循环试验设备、直流电流源、直流耐压试验设备、误差试验设备、直流局部放电测量设备。

b) 不能租用、借用其他单位的设备进行出厂例行试验。电子式电流互感器、光学式直流电流互感器产品工频耐压/直流耐压、局部放电测量试验如外委，需提供外委协议。

c) 设备使用正常。建立设备管理档案（包括使用说明、台账、保养维护记录等），其维修保养等记录规范详实，具有可追溯性。设备中的计量仪器仪表具有合格的检定或校准证书，并在有效期内。

6.4 ※试验检测人员

查阅人力资源部门管理文件（如劳动合同、人员花名册等）、人员资质证书及培训记录。

试验人员能独立完成试验，操作熟练，能理解或掌握相关国家标准、电力行业标准和国家电网有限公司企业标准和物资采购标准的有关规定，并具有一定的试验结果分析能力，定期参加培训。高压试验人员至少两人，经过考核培训持证上岗。从事互感器误差测定的检测人员至少两人，经计量法规和测试技术的专业培训考核后持证上岗。

6.5 ※现场抽样

6.5.1 抽查出厂试验报告

出厂试验报告记录完整、正确，档案管理规范。

6.5.2 抽样检测

原则上现场需对与被核实产品相同或相近型式的产品进行抽样检验。样品需在供应商声明的合格产品中抽取，抽样检验项目一般在出厂试验项目中选取。抽样检验重点核实供应商试验方法、试验场地环境、人员操作能力、仪器设备有效性和产品性能等方面。

电磁式电流互感器：在已具备出厂条件的产品中随机抽取一台，至少进行工频耐压、局部放电测量和误差测定试验，任何一项试验结果均需满足相关要求。

电子式电流互感器：在已具备出厂条件的产品中随机抽取一台，至少进行准确度试验。工频耐压、局部放电测量如委外无法现场抽样检测，可查看委外出厂试验报告，任何一项试验结果均需满足相关要求。

光学式直流互感器：在已具备出厂条件的产品中随机抽取一台，至少进行准确度试验。直流耐压、局部放电测量如委外无法现场抽样检测，可查看委外出厂试验报告，任何一项试验结果均需满足相关要求。

7 原材料/组部件管理

7.1 ※管理规章制度

查阅原材料/组部件管理规章制度。

具有相应规章制度，如供应商管理制度、原材料进厂检验制度、生产环节的原材料管理制度等，并严格执行，记录明确。原材料/组部件的检验方式（抽检或普检）满足国家标准或行业标准要求。

7.2 ※管理控制情况

查阅原材料/组部件管理规章制度及实际执行记录等。原材料/组部件管理需符合以下要求：

a) 采用的原材料/组部件不能有国家明令禁止的。

b) 按工艺文件所规定的技术要求和相应管理文件，根据生产计划采购。供应商变更主要原材料/组部件，需有相应的报告并在相关工艺文件中说明。

c) 按规定进行进厂检验，验收合格后入库。

d) 分类独立存放，物资仓库有足够的存储空间和适宜的环境，实行定置管理，标识清晰、正确、规范、合理。

e) 原材料/组部件的使用记录内容规范、详实，具有可追溯性。

f) 对于直接影响产品质量的重要组部件（如漆包线、铁心等），需依据供应商管理规章制度进行抽检或全检且有相应的检测数据记录。检验规则符合相关国家、行业相关标准和企业标准要求。

8 数智制造

应用互联网和物联网技术，打造"透明工厂"，生产制造、试验检验、原材料/组部件管理等信息对买方公开，接入国家电网电工装备智慧物联平台。

a) 加强数字基础设施建设，推动数字技术与先进制造技术融合发展。供应商相关业务数据、原材料/组部件检验数据、生产过程检验数据、出厂试验数据、成品信息数据和视频数据等支持自动采集或系统推送。数据接口需保障数据完整性、正确性、安全性，具有可扩展性、通信实时性等。

b) 具有原材料/组部件数据及检验数据接入条件，从原材料采购直至原材料检验入库过程中的关键工艺主要包括：
1) 气体式电流互感器：漆包线、铁心、支撑绝缘子3项。
2) 油浸式电流互感器：漆包线、铁心、密封件3项。
3) 浇注式、合成薄膜绝缘电流互感器：漆包线、铁心2项。
4) 气体式电流互感器（不含支撑绝缘子）：漆包线、铁心2项。

c) 具有工艺控制数据及检测数据接入条件，关键工艺主要包括：
1) 气体式电流互感器、气体式电流互感器（不含支撑绝缘子）：线圈绕制、真空干燥2项。
2) 油浸式电流互感器：线圈绕制、真空干燥、真空注油3项。
3) 浇注式电流互感器：线圈绕制、真空干燥、浇注过程、固化过程4项。
4) 合成薄膜绝缘电流互感器：线圈绕制1项。

d) 具有出厂试验数据接入条件，关键试验流程包括：
1) 气体式电流互感器、气体式电流互感器（不含支撑绝缘子）：气体露点测量试验、一次端工频耐压试验、二次端工频耐压试验、极性及准确度检验试验、环境温度下气体绝缘产品密封性能试验5项。
2) 油浸式电流互感器：一次端工频耐压试验、电容量和介质损耗因数测量试验、极性及准确度检验试验、环境温度下油绝缘产品密封性能试验、绝缘油性能试验5项。
3) 浇注式电流互感器：一次端工频耐压试验、局部放电测量试验、二次端工频耐压试验、极性及准确度检验试验、伏安特性试验5项。

    4） 合成薄膜绝缘电流互感器：一次端工频耐压试验、局部放电测量试验、二次端工频耐压试验、极性及准确度检验试验、伏安特性试验 5 项。

e) 具有视频接入条件，设备视频数据采集包括主绝缘包扎、器身总装、试验大厅、控制室 4 个区域。

9　绿色发展

查看供应商资源能源消耗情况、战略体系、绿色认证及其他支撑材料，包括：

a) 相关油、水、气、煤及电力、热力等能源消耗，建立能源利用统计报表制度，分析生产经营环节能源利用情况。

b) 相关绿色工厂认证、绿色产品标识、绿色供应链管理等相关资质文件。

c) 将绿色发展理念融入战略体系中，并形成明确的绿色发展目标，并制定详实且具有操作性的实施路径。

d) 建立、实施并保持支撑企业绿色低碳发展的绿色管理体系情况，包括但不限于能源管理体系、碳排放管理体系、能源计量管理体系等。

e) 使用无害原材料，禁止使用国家明令禁止的淘汰设备、工艺技术等，并应用国家鼓励的节能设备与先进工艺技术情况。

f) 建立完善的绿色采购管理制度，推广绿色包装材料应用，并建立系统的循环利用体系，实施绿色制造情况。

g) 生产环节的大气污染物排放、水体污染物排放、固体废弃物排放、噪声排放等基础排放符合相关国家标准及地方标准要求情况。

10　售后服务及产能

查阅管理文件、组织机构设置、人员档案及售后服务记录等相关信息。

通过现场实际情况，根据产品生产及试验的瓶颈及供应商提供的产能计算报告核实其产能。

本文件中所有核实内容都将对供应商参与招投标活动有重要影响，其中标记"※"的内容是以往招标必备项的要求，也是重点核实内容，其他未标记"※"的为一般核实内容。

附 录 A
型 式 试 验 报 告 项 目

A.1 电磁式电流互感器（油浸式、干式、SF_6）

试验报告项目包括：

a) 型式试验：

    1) 温升试验；

    2) 一次端冲击耐压试验；

    3) 户外型互感器的湿试验；

    4) 电磁兼容（EMC）试验；

    5) 准确度试验；

    6) 外壳防护等级的检验；

    7) 环境温度下密封性能试验（适用于气体绝缘产品）；

    8) 压力试验（适用于气体绝缘产品）；

    9) 短时电流试验。

b) 例行试验：

    1) 气体露点测量（适用于气体绝缘产品）；

    2) 一次端工频耐压试验；

    3) 局部放电测量；

    4) 电容量和介质损耗因数测量；

    5) 段间工频耐压试验；

    6) 二次端工频耐压试验；

    7) 准确度试验；

    8) 标志的检验；

    9) 环境温度下的密封性能试验；

    10) 压力试验（适用于气体绝缘产品）；

    11) 二次绕组电阻（R_{ct}）测定；

    12) 二次回路时间常数（T_s）测定；

    13) 额定拐点电动势（E_k）和 E_k 下的励磁电流的试验；

    14) 匝间过电压试验；

    15) 绝缘油性能试验。

c) 特殊试验：

    1) 一次端截断雷电冲击耐压试验；

2） 传递过电压试验；

3） 机械强度试验；

4） 绝缘热稳定试验。

注：电子式电流互感器、光学式直流电流互感器未列型式试验报告项目，但需具有型式试验
报告。

电压互感器供应商资质能力
信息核实规范

目　次

电压互感器供应商资质能力信息核实规范

1 范围

本文件为国家电网有限公司对交、直流电压互感器产品供应商的资质条件及制造能力信息进行核实的依据。

本文件适用于国家电网有限公司 35（10）kV 及以上交、直流电压互感器产品供应商的信息核实工作。包括：

a) 35kV 及以上电容式电压互感器；

b) 35kV 及以上电磁式电压互感器；

c) 35（10）kV 户外干式电压互感器；

d) 35kV 及以上电子式电压互感器；

e) 直流电压分压器。

2 规范性引用文件

下列文件中的内容通过文中的规范性引用而构成本文件必不可少的条款。其中，注日期的引用文件，仅该日期对应的版本适用于本文件；不注日期的引用文件，其最新版本（包括所有的修改单）适用于本文件。

GB/T 311.1　高压输变电设备的绝缘配合

GB/T 7252　变压器油中溶解气体分析和判断导则

GB/T 7595　运行中变压器油质量标准

GB/T 8905　六氟化硫电气设备中气体管理和检测导则

GB/T 11023　高压开关设备 SF_6 气体密封试验导则

GB/T 13540　高压开关设备抗地震性能试验

GB/T 20840.1　互感器　第 1 部分：通用技术要求

GB/T 20840.3　互感器　第 3 部分：电磁式电压互感器的补充技术要求

GB/T 20840.5　互感器　第 5 部分：电容式电压互感器的补充技术要求

GB/T 20840.6　互感器　第 6 部分：低功率互感器的补充通用技术要求

GB/T 20840.7　互感器　第 7 部分：电子式电压互感器

GB/T 20840.9　互感器　第 9 部分：互感器的数字接口

GB/T 24841　1000kV 交流系统用电容式电压互感器技术规范

GB/T 26217　高压直流输电系统直流电压测量装置

DL/T 722　变压器油中溶解气体分析和判断导则

DL/T 726　　电力用电磁式电压互感器使用技术规范

DL/T 1186　　1000kV 罐式电压互感器技术规范

DL/T 1251　　电力用电容式电压互感器使用技术规范

3　资质信息

3.1　企业信息

3.1.1　※基本信息

查阅营业执照。

供应商为中华人民共和国境内依法注册的法人或其他组织。

3.1.2　法定代表人/负责人信息

查阅法定代表人/负责人身份证（或护照）。

3.1.3　财务信息

查阅审计报告、财务报表，其中审计报告为具有资质的第三方机构出具。

3.1.4　资信等级证明

查阅银行或专业评估机构出具的证明。

3.1.5　注册资本和股本结构

查阅验资报告。

3.2　※报告证书

3.2.1　检测报告

查阅检测报告、送样样品生产过程记录以及其他支撑资料。检测报告需符合以下要求：

a) 检测报告出具机构为国家授权的专业检测机构或者国际专业权威机构。境内检验机构具有计量认证证书（CMA）及中国合格评定国家认可委员会颁发的实验室认可证书（CNAS），且证书附表检测范围涵盖所核实产品。境外机构出具的检测报告同时提供中文版本或经公证后的中文译本。

b) 报告的委托方和被试品制造方是供应商自身。

c) 试品型号与被核实的产品一致，被核实产品需具有型式试验报告。

d) 不同电压等级、不同结构型式、不同型号互感器的检测报告不可相互代替。

e) 电容式电压互感器不同型号、不同电容量产品的检测报告不可相互代替。

f) 产品的型式试验符合相应的国家标准、行业标准、国家电网有限公司物资采购标准规定的要求。型式试验报告项目需符合附录 A。

g) 产品型式试验报告的试验项目齐全，且所有试验项目在同一台产品上完成。

h) 国家标准、行业标准规定的检测报告有效期有差异的，以有效期短的为准；国家标准、行业标准均未明确检测报告有效期的，检测报告有效期按长期有效认定。

i) 当产品在设计、工艺、生产条件或所使用的材料和主要元部件、组部件做重要改变时，产品需重新进行型式试验。

3.2.2　管理体系认证

查阅管理体系认证证书，具有质量管理体系证书，证书在有效期内，有定期年检记录且认证范围涵盖被核实产品。

3.3 产品业绩

查阅供货合同及相对应的合同销售发票。

a) 合同的供货方和实际产品的生产方均为供应商自身。出口业绩合同提供中文版本或经公证后的中文译本。业绩电压等级往下认可最接近的电压等级。

b) 不予统计的业绩有（不限于此）：

1) 与同类产品制造厂之间的业绩（2015年以后国家电网有限公司变电站整站招标的除外）；

2) 作为元器件、组部件的业绩；

3) 与经销商、代理商之间的业绩（出口业绩除外）。

4 设计研发能力

4.1 技术来源与支持

查阅与合作支持方的协议及设计文件图纸等相关信息。

4.2 设计研发内容

查阅新产品、新材料的设计、试验、关键工艺技术、质量控制方面的研发情况。

4.3 设计研发人员

查阅设计研发部门的机构设置及人员信息。

4.4 设计研发工具

查验供应商实际研发设计工具。

4.5 获得专利情况

查阅专利证书。

4.6 参与标准制（修）订情况

查阅参与制定并已颁布的标准等证明材料信息。

4.7 产品获奖情况

查阅获奖证书等相关信息。

4.8 商业信誉

查阅企业相关国家、行业或第三方发布的综合实力、品牌等排名。

5 生产制造能力

5.1 ※生产厂房

查阅不动产权证书、土地使用权证、房屋产权证、厂房设计图纸、用电客户编号等相关信息。具有独立封闭的厂房，厂房若为租用，则提供长期租用合同。其厂房面积、洁净程度能满足生产需要，有相关检测设备和记录，车间布置合理，保障人员及产品或组部件的进出不影响车间的环境条件。

互感器生产车间的绝缘结构件制作车间和器身组装车间具有可控的温、湿度和洁净度。

电压互感器高压线圈绕制需要洁净车间；1000kV 电磁式电压互感器线圈绕制及装配车间洁净度宜优于 10 万级。

电容式电压互感器的电容元件卷制需有独立的洁净车间并需满足：温度 16℃～26℃，湿度小于 70%，洁净度宜优于 10 万级。

5.2 ※生产工艺

5.2.1 工艺控制文件

查阅工艺控制文件、管理体系文件及工艺流程控制记录等相关资料。

具有完整的工艺控制体系，各工序的作业指导书、工艺控制文件齐全、统一、规范。重要工艺环节的操作手册齐全，工艺文件中所规定的关键技术要求和技术参数不低于国家标准、电力行业标准、国家电网有限公司企业标准和物资采购标准的规定。各工艺环节中无国家明令禁止的行为。各类互感器主要工艺环节如下：

a) SF_6 电磁式电压互感器：铁心磁性能控制、线圈绕制、器身干燥处理、充放气工艺、电场结构件的制作（处理）、装配工艺等；

b) 油浸式电磁式电压互感器或电磁单元：铁心磁性能控制、线圈绕制、油处理、绝缘包扎、器身干燥处理、真空注油、装配工艺等；

c) 干式电磁式电压互感器：铁心磁性能控制、线圈绕制、绝缘包扎、器身干燥处理、真空浇注、装配工艺；

d) 电容式电压互感器分压器：电容元件卷制、电容器插片工艺、压装工艺、器身干燥处理、真空浸渍、装配工艺、热烘试漏等；

e) 电子式电压互感器：采集单元生产调试、装配工艺等；

f) 直流电压分压器：电阻单元制作、阻容单元组装、阻容分压器组装、干燥处理、采集单元生产调试、装配工艺等。

5.2.2 关键生产工艺控制

产品工艺技术成熟、稳定。从原材料/组部件到产品入库所规定的每道工序的工艺技术能保证产品生产的需要。生产产品的各个工序按工艺文件执行，现场记录内容规范、详实，具有可追溯性。现场定置管理，有明显的标识，主要生产设备的操作规程图表上墙。

5.3 ※生产设备

查阅设备的现场实际情况及购买合同、发票等相关信息。

a) 具有与产品生产相适应的设备，不能租用或借用。

b) 各类互感器产品主要生产设备如下：

1) SF_6 电磁式电压互感器：线圈绕制设备、器身干燥设备、气体回收装置；

2) 油浸式电磁式电压互感器、电容式电压互感器电磁单元部分：线圈绕制设备、器身干燥设备、油处理设备、真空注油设备、器身包扎机；

3) 电容式电压互感器分压器部分：器身干燥设备、元件卷制设备、元件压制设备、真空注油设备、油处理设备；

4) 干式电磁式电压互感器：线圈绕制设备、器身干燥设备、真空环氧浇注设备（浇注式）、浇注体后固化加温烘箱；

5) 电子式电压互感器：光纤熔接机、元件老化筛选设备、气体回收装置（SF_6绝缘）；

6) 直流电压分压器：阻容模块安装工装、光纤熔接机、元件老化筛选设备、气体回收装置（SF_6绝缘）。

c) 设备使用正常，建立设备管理档案（包括使用说明、台账、保养维护记录等），其维修保养等记录规范详实，具有可追溯性。设备中的计量仪器仪表具有合格的检定或校准证书，并在有效期内。

5.4 生产、技术、质量管理人员

查阅人力资源部门管理文件（如劳动合同、人员花名册等），包括生产、技术、质量管理等人员数量，结合现场实际情况，观察现场人员的操作水平。人员管理方面须符合以下要求：

a) 具有生产需要的专职生产及技术人员，且不得借用其他公司人员。各个生产环节的员工能够熟练操作设备、工装器具，并能得到定期培训。

b) 具有质量管理组织机构、质量管理部门及人员。

6 试验检测能力

6.1 ※试验场所

查看试验场所现场情况。

具有与试验产品相配套的试验场所，不能租用其他单位的试验场所。局部放电测量试验场所需具有相应的屏蔽措施，测量系统需满足背景干扰不大于规定允许局部放电水平的50%。当允许局部放电水平不大于10pC时，背景干扰可为允许局部放电水平的100%。

6.2 ※试验检测管理

查阅相关的规章制度文件、过程记录及试验报告等相关信息。

具有试验室管理制度、操作规程、试验标准，以及完整的试验原始记录，并在操作过程中严格按照规程执行。

6.3 ※试验检测设备

查阅设备的现场实际情况及购买合同、发票等相关信息。

a) 具有出厂例行试验项目需要的设备，主要试验设备如下：

1) SF_6电磁式电压互感器：工频耐压试验设备、误差试验设备、局部放电测量设备、SF_6含水量测量设备；

2) 油浸式电磁式电压互感器：工频耐压试验设备、误差试验设备、局部放电测量设备、介质损耗因数测量设备、变压器油耐压设备、变压器油介质损耗设备、变压器油微水设备、变压器油色谱设备；

3) 干式电磁式电压互感器：工频耐压试验设备、误差试验设备、局部放电测量设备；

4) 电容式电压互感器：工频耐压试验设备、误差试验设备、局部放电测量设备、电容量和介质损耗因数测量设备、铁磁谐振试验设备；

5) 电子式电压互感器：工频耐压试验设备、误差试验设备、局部放电测量设备、光功率计、光纤端面检测仪、SF_6含水量测量设备（SF_6绝缘）；

6) 直流电压分压器：直流耐压试验设备、误差试验设备、光功率计、光纤端面检测仪、直流电压源、直流局部放电测量设备、电容量和介质损耗因数测量设备、电阻测试仪、SF_6含水量测量设备（SF_6绝缘）。

b) 不能租用、借用其他单位的设备或委托其他单位进行出厂例行试验。

c) 设备使用正常。建立设备管理档案（包括使用说明、台账、保养维护记录等），其维修保养等记录规范详实，具有可追溯性。设备中的计量仪器仪表具有合格的检定或校准证书，并在有效期内。

6.4 ※试验检测人员

查阅人力资源部门管理文件（如劳动合同、人员花名册等）、人员资质证书及培训记录。

试验人员能独立完成试验，操作熟练，能理解或掌握相关国家标准、电力行业标准和国家电网有限公司企业标准和物资采购标准的有关规定，并具有一定的试验结果分析能力，定期参加培训。高压试验人员至少两人，经过考核培训持证上岗。从事互感器误差测定的检测人员至少两人，经计量法规和测试技术的专业培训考核后持证上岗。

6.5 ※现场抽样

6.5.1 抽查出厂试验报告

出厂试验报告记录完整、正确，档案管理规范。

6.5.2 抽样检测

原则上现场需对与被核实产品相同或相近型式的产品进行抽样检验。样品需在供应商声明的合格产品中抽取，抽样检验项目一般在出厂试验项目中选取。抽样检验重点核实供应商试验方法、试验场地环境、人员操作能力、仪器设备有效性和产品性能等方面。

交流电压互感器：在已具备出厂条件的产品中随机抽取一台，至少进行工频耐压、局部放电测量和误差测定试验，任何一项试验结果均需满足相关要求。

直流电压分压器：在已具备出厂条件的产品中随机抽取一台，至少进行直流耐压、直流局部放电测量和误差测定试验，任何一项试验结果均需满足相关要求。

7 原材料/组部件管理

7.1 ※管理规章制度

查阅原材料/组部件管理规章制度。

具有相应规章制度，如供应商管理制度、原材料进厂检验制度、生产环节的原材料管理制度等，并严格执行，记录明确。原材料/组部件的检验方式（抽检或普检）满足国家标准或行业标准要求。

7.2 ※管理控制情况

查阅原材料/组部件管理规章制度及实际执行记录等。原材料/组部件管理需符合以下要求：

a) 采用的原材料/组部件不能有国家明令禁止的；

b) 按工艺文件所规定的技术要求和相应管理文件，根据生产计划采购。供应商变更主要原材料/组部件，需有相应的报告并在相关工艺文件中说明；

c) 按规定进行进厂检验，验收合格后入库；

d) 分类独立存放，物资仓库有足够的存储空间和适宜的环境，实行定置管理，标识清晰、正确、规范、合理；

e) 原材料/组部件的使用记录：内容规范、详实，并具有可追溯性；

f) 对于直接影响产品质量的重要组部件（如漆包线、铁心等），需依据供应商管理规章制度进行抽检或全检且有相应的检测数据记录。检验规则符合相关国家、行业相关标准和企业标准要求。

8 数智制造

应用互联网和物联网技术，打造"透明工厂"，生产制造、试验检验、原材料/组部件管理等信息对买方公开，接入国家电网电工装备智慧物联平台，包括：

a) 加强数字基础设施建设，推动数字技术与先进制造技术融合发展。供应商相关业务数据、原材料/组部件检验数据、生产过程检验数据、出厂试验数据、成品信息数据和视频数据等支持自动采集或系统推送。数据接口需保障数据完整性、正确性、安全性，具有可扩展性、通信实时性等。

b) 具有原材料/组部件数据及检验数据接入条件，从原材料采购直至原材料检验入库过程中关键工艺主要包括：

1) 油浸电磁式电压互感器、气体电磁式电压互感器：漆包线、铁心、密封件 3 项。

2) 环氧树脂浇注电磁式电压互感器：漆包线、铁心 2 项。

3) 电容式电压互感器：漆包线、铁心、密封件 3 项。

c) 具有工艺控制数据及检测数据接入条件，关键工艺主要包括：

1) 油浸电磁式电压互感器：线圈绕制、真空干燥、真空注油 3 项。

2) 气体电磁式电压互感器：线圈绕制、真空干燥 2 项。

3) 环氧树脂浇注电磁式电压互感器：线圈绕制、真空干燥、浇注过程、固化过程 4 项。

4) 电容式电压互感器：电容元件芯组制作、线圈绕制、真空干燥、真空注油 4 项。

d) 具有出厂试验数据接入条件，关键试验流程包括：

1) 油浸电磁式电压互感器：一次端工频耐压试验、一次端感应耐压试验、局部放电测量试验、电容量和介质损耗因数测量试验、二次端工频耐压试验、极性及准确度检验、环境温度下密封性能试验（适用于油绝缘产品）、励磁特性测量试验、绝缘油性能试验 8 项。

    2） 气体电磁式电压互感器：气体露点测量试验、一次端工频耐压试验、一次端感应耐压试验、局部放电测量试验、二次端工频耐压试验、极性及准确度检验、环境温度下密封性能试验（适用于气体绝缘产品）、励磁特性测量试验7项。

    3） 环氧树脂浇注电磁式电压互感器：一次端工频耐压试验、一次端感应耐压试验、局部放电测量试验、二次端工频耐压试验、极性及准确度检验、励磁特性测量试验6项。

    4） 电容式电压互感器：一次端工频耐压试验、局部放电测量试验、二次端工频耐压试验、极性及准确度检验、环境温度下密封性能试验（适用于油绝缘产品）、铁磁谐振检验、绝缘油性能试验7项。

e) 具有视频接入条件，设备视频数据采集应包括主绝缘包扎、器身总装、试验大厅、控制室、励磁特性试验5个区域。

9 绿色发展

查看供应商资源能源消耗情况、战略体系、绿色认证及其他支撑材料，包括：

a) 相关油、水、气、煤及电力、热力等能源消耗，建立能源利用统计报表制度，分析生产经营环节能源利用情况。

b) 相关绿色工厂认证、绿色产品标识、绿色供应链管理等相关资质文件。

c) 将绿色发展理念融入战略体系中，并形成明确的绿色发展目标，制定详实且具有操作性的实施路径。

d) 建立、实施并保持支撑企业绿色低碳发展的绿色管理体系情况，包括但不限于能源管理体系、碳排放管理体系、能源计量管理体系等。

e) 使用无害原材料，禁止使用国家明令禁止的淘汰设备、工艺技术等，并应用国家鼓励的节能设备与先进工艺技术情况。

f) 建立完善的绿色采购管理制度，推广绿色包装材料应用，并建立系统的循环利用体系，实施绿色制造情况。

g) 生产环节的大气污染物排放、水体污染物排放、固体废弃物排放、噪声排放等基础排放符合相关国家标准及地方标准要求情况。

10 售后服务及产能

查阅管理文件、组织机构设置、人员档案及售后服务记录等相关信息。

通过现场实际情况，根据产品生产及试验的瓶颈及供应商提供的产能计算报告核实其产能。

    本文件中所有核实内容都将对供应商参与招投标活动有重要影响，其中标记"※"的内容是以往招标必备项的要求，也是重点核实内容，其他未标记"※"的为一般核实内容。

附 录 A

型 式 试 验 报 告 项 目

A.1 电容式电压互感器

试验报告项目包括：

a) 型式试验：

    1) 温升试验；

    2) 截断冲击试验；

    3) 一次端冲击耐压试验；

    4) 户外型互感器的湿试验；

    5) 电磁兼容（EMC）试验；

    6) 准确度试验；

    7) 外壳防护等级的检验；

    8) 环境温度下密封性能试验（适用于气体绝缘产品）；

    9) 压力试验（适用于 SF_6 产品）；

    10) 工频电容和 $\tan\delta$ 测量；

    11) 短路承受能力试验；

    12) 铁磁谐振试验；

    13) 暂态响应试验（保护用电容式电压互感器）；

    14) 载波附件的型式试验（适用于有载波通信要求的产品）。

b) 例行试验：

    1) 气体露点测量（适用于气体绝缘产品）；

    2) 一次端工频耐压试验；

    3) 局部放电测量；

    4) 二次端工频耐压试验；

    5) 准确度检验；

    6) 标志的检验；

    7) 环境温度下密封性能试验；

    8) 压力试验（适用于气体绝缘产品）；

    9) 铁磁谐振检验；

    10) 电磁单元的绝缘油性能试验；

    11) 载波附件的例行试验（适用于有载波通信要求的产品）。

c) 特殊试验：

    1) 传递过电压试验；

    2) 机械强度试验；

3） 温度系数（T_c）测定；

4） 电容单元的密封设计试验；

5） 耐地震试验（适用于 1000kV 产品）。

A.2 电磁式电压互感器（油浸、SF_6、户外干式产品）

试验报告项目包括：

a） 型式试验：

1） 温升试验；

2） 一次端冲击耐压试验；

3） 户外型互感器的湿试验；

4） 电磁兼容（EMC）试验；

5） 准确度试验；

6） 外壳防护等级的检验；

7） 环境温度下密封性能试验（适用于气体绝缘产品）；

8） 压力试验（适用于气体绝缘产品）；

9） 短路承受能力试验；

10）励磁特性测量。

b） 例行试验：

1） 气体露点测量（适用于气体绝缘产品）；

2） 一次端工频耐压试验；

3） 局部放电测量；

4） 电容量和介质损耗因数测量；

5） 二次端工频耐压试验；

6） 准确度试验；

7） 标志的检验；

8） 环境温度下密封性能试验；

9） 压力试验（适用于气体绝缘产品）；

10）励磁特性测量；

11）绝缘油性能试验。

c） 特殊试验：

1） 传递过电压试验；

2） 机械强度试验。

注：电子式电压互感器、直流电压分压器未列型式试验报告项目，但需具有型式试验报告。

40.5kV 及以上断路器供应商资质能力信息核实规范

目　　次

40.5kV 及以上断路器供应商资质能力信息核实规范

1 范围

本文件规定了国家电网有限公司对断路器产品供应商的资质条件及制造能力信息进行核实的依据。

本文件适用于国家电网有限公司断路器产品供应商的信息核实工作。包括：

a) 1100kV 瓷柱式交流断路器；

b) 800kV 罐式交流断路器；

c) 550kV 瓷柱式交流断路器；

d) 550kV 罐式交流断路器；

e) 363kV 瓷柱式交流断路器；

f) 363kV 罐式交流断路器；

g) 252kV 瓷柱式交流断路器；

h) 252kV 罐式交流断路器；

i) 126kV 瓷柱式交流断路器；

j) 126kV 罐式交流断路器；

k) 72.5kV 瓷柱式交流断路器；

l) 72.5kV 罐式交流断路器；

m) 40.5kV 户外真空断路器；

n) 40.5kV 户外 SF_6 瓷柱式交流断路器；

o) 40.5kV 户外 SF_6 罐式交流断路器；

p) 75kV 户外 SF_6 瓷柱式直流转换开关；

q) 100kV 户外 SF_6 瓷柱式直流转换开关；

r) 150kV 户外 SF_6 瓷柱式直流转换开关；

s) 408kV 户外 SF_6 瓷柱式直流旁路开关；

t) 816kV 户外 SF_6 瓷柱式直流旁路开关。

2 规范性引用文件

下列文件中的内容通过文中的规范性引用而构成本文件必不可少的条款。其中，注日期的引用文件，仅该日期对应的版本适用于本文件；不注日期的引用文件，其最新版本（包括所有的修改单）适用于本文件。

GB/T 1984 高压交流断路器

GB/T 11022　高压开关设备和控制设备标准的共有技术要求

GB 50150　电气装置安装工程电气设备交接试验标准

GB/T 25307　高压直流旁路开关

GB/T 25309　高压直流转换开关

GB/T 34865　高压直流转换开关用电容器

DL/T 402　交流高压断路器

DL/T 593　高压开关设备和控制设备标准的共用技术要求

DL/T 5222　导体和电器选择技术规定

DL/T 2227　±800kV 及以上特高压直流系统用高压直流转换开关选用导则

Q/GDW 11753　直流换流站用额定电压 550kV 及以上交流滤波器小组断路器

Q/GDW 13080　40.5kV 瓷柱式交流断路器采购标准

Q/GDW 13081　72.5kV 交流断路器采购标准

Q/GDW 13082　126kV～550kV 交流断路器

Q/GDW 13083　800kV 罐式交流断路器采购标准

3　资质信息

3.1　企业信息

3.1.1　※基本信息

查阅营业执照。

供应商为中华人民共和国境内依法注册的法人或其他组织。

3.1.2　法定代表人/负责人信息

查阅法定代表人/负责人身份证（或护照）。

3.1.3　财务信息

查阅审计报告、财务报表，其中审计报告为具有资质的第三方机构出具。

3.1.4　资信等级证明

查阅银行或专业评估机构出具的证明。

3.1.5　注册资本和股本结构

查阅验资报告。

3.2　※报告证书

3.2.1　※检测报告

查阅检测报告、送样样品生产过程记录以及其他支撑资料。

a)　检测报告出具机构为国家授权的专业检测机构或者国际专业权威机构。境内检验机构具有计量认证证书（CMA）及中国合格评定国家认可委员会颁发的实验室认可证书（CNAS），且证书附表检测范围涵盖所核实产品。境外机构出具的检测报告同时提供中文版本或经公证后的中文译本。

b)　检测报告的委托方和产品制造方是供应商自身。

c)　检测试验产品型号与被核实的产品一致。

    d) 产品的检测报告符合相应的国家标准、行业标准、国家电网有限公司物资采购标准规定的型式试验项目和试验数值的要求。检测报告项目应符合附录A、D、G。

    e) 当产品在设计、工艺、生产条件或所使用的材料、主要元部件做重要改变或者产品转厂生产或异地生产时，须重新进行相应的检测试验。试验项目及技术要求详见各产品标准的有关规定。试验项目应符合附录B、E、H。

3.2.2 管理体系认证

查阅管理体系认证证书，具有质量管理体系证书，证书在有效期内，有定期年检记录且认证范围涵盖被核实产品。

3.3 产品业绩

查阅供货合同及相对应的发票。

    a) 合同的供货方和实际产品的生产方均为供应商自身。

    b) 不同电压等级的产品业绩不可相互替代。

    c) 出口业绩提供报关单、中文版本或经公证后的中文译本合同，业绩电压等级与国内不同时，往下取国内最接近的电压等级。

    d) 不予统计的业绩有（不限于此）：

        1) 与同类产品制造厂之间的业绩（2015年以后国家电网有限公司变电站整站招标的除外）；

        2) 作为元器件、组部件的业绩；

        3) 与经销商、代理商之间的业绩（出口业绩除外）。

4 设计研发能力

4.1 技术来源与支持

查阅与合作支持方的协议及设计文件图纸等相关信息。

4.2 设计研发内容

查阅新产品、新材料的设计、试验、关键工艺技术、质量控制方面的研发情况。

4.3 设计研发人员

查阅设计研发部门的机构设置及人员信息。

4.4 设计研发工具

查阅设计研发工具。

4.5 获得专利情况

查阅专利证书。

4.6 参与标准制（修）订情况

查阅参与制定并已颁布的标准等证明材料信息。

4.7 产品获奖情况

查阅获奖证书等相关信息，获奖证书必须省（直辖市）及以上科技厅（部）颁发的科技类奖项。

4.8 参与的重大项目

查阅参与的国家级重大项目的相关信息。

4.9 商业信誉

查阅企业相关国家、行业或第三方发布的综合实力、品牌等排名。

5 生产制造能力

5.1 ※生产厂房

查阅现场实际情况、土地使用权证/土地租赁凭证、房屋产权证/房屋租赁凭证、管理规章制度、车间洁净度（提供具备检定资质的第三方机构出具的洁净度等级检定报告）、用电客户编号等相关信息。

SF_6 断路器具有满足生产、装配、试验要求的厂房，具有分装和总装车间，厂房面积满足生产需要。灭弧室、绝缘子净化装配（30 万级及以下）、总装配车间（100 万级）满足温度、湿度和洁净度要求，并有措施保障装配车间的环境条件，有相关检测设备和记录。真空断路器的生产厂房具备干净整洁的车间。

5.2 ※生产工艺

5.2.1 工艺控制文件

查阅工艺控制文件、管理体系文件及工艺流程控制记录等相关资料。

各工序的作业指导书、工艺控制文件齐全、统一、规范。完整的工艺控制文件包括产品质量重要度分级、外购外协件清单及检测标准、生产工序流程、过程控制工艺卡、产品质量检验标准、生产操作手册、安装使用说明书等。其工艺文件中所规定的关键技术要求和技术参数不低于国家标准、电力行业标准、国家电网有限公司企业标准和物资采购标准和产品设计及技术条件的要求。各工艺环节中无国家明令禁止的行为。

5.2.2 关键生产工艺控制

产品工艺技术成熟、稳定。从原材料/组部件到产品入库所规定的每道工序的工艺技术能保证产品生产的需要。生产产品的各个工序按工艺控制文件执行，现场记录内容规范、详实，具有可追溯性。现场定置管理，有明显的标识牌，主要生产设备的操作规程图表上墙。

5.3 ※生产设备

查阅设备的现场实际情况及购买发票等相关信息（部分老旧设备可以提供设备台账）。

a) 具有与产品生产相适应的设备，不能租用或借用。主要生产设备具有：吊装运输设备（如行车、叉车等）、机加工设备（机加工中心等）、气体回收装置（SF_6 断路器适用）、抽真空装置（如真空泵等，SF_6 断路器适用）、除尘通风设备（SF_6 断路器适用）、烘干设备（如烘干箱，SF_6 断路器适用）等装备。

b) 设备使用正常，设备上的计量仪器、仪表具有检定报告，并在检定合格期内。

5.4 生产、技术、质量管理人员

查阅人力资源部门管理文件（如劳动合同、人员花名册等），包括生产、技术、质量管理等人员数量，观察现场人员的操作水平或结合现场实际情况和生产流程控制记录进

行判断。

a) 具有生产需要的专职生产及技术人员，不得借用其他公司的。各个生产环节的员工熟悉所负责的生产环节和质量控制要求，熟练操作设备、工装器具，并定期培训。

b) 具有质量管理组织机构、质量管理部门及人员。

6 试验检测能力

6.1 ※试验场所

查看试验场所现场情况。

具有独立的试验场所。试验场所环境满足试验要求。

6.2 ※试验检测管理

查阅相关的规章制度文件、过程记录及试验报告等相关信息。

具有试验室管理制度、操作规程、试验标准及完整的试验原始记录，并在操作过程中严格按照规程执行。

6.3 ※试验检测设备

查阅设备的现场实际情况及购买发票、检定证书等相关信息。

a) 具有外购外协件检测设备及出厂试验所需的试验设备，具备完成全部出厂试验的能力。不能租用、借用其他公司的设备，或委托其他单位进行出厂试验。

b) 主要试验设备具有交流耐压试验装置、二次回路工频耐压试验装置、回路电阻测试仪、机械特性测试仪、局部放电检测仪、微水检测仪（SF_6 断路器适用）、SF_6 气体检漏仪（SF_6 断路器适用）、伏安特性测试仪（罐式断路器适用）等。

c) 设备使用正常，设备上的计量仪器仪表具有合格的检定或校准证书，并在有效期内。

6.4 ※试验检测人员

查阅人力资源部门管理文件（如劳动合同、人员花名册等）、人员资质证书、培训记录及现场试验能力。

试验人员不能借用其他公司的，高电压试验人员至少有 2 人，试验人员经过考核培训持证上岗。试验人员能熟练操作试验设备和仪器仪表，并掌握试验方法、熟悉产品标准，能熟练和准确判断试验结果是否满足产品标准要求，具有一定的试验结果分析能力。

6.5 ※现场抽样

6.5.1 抽查出厂试验报告

现场随机抽查至少两份被核实产品的出厂试验报告及对应的试验原始记录，查看内容是否规范完整、项目齐全。出厂试验项目应符合附录C、F、I。

6.5.2 抽样检测

原则上现场应对与被核实产品相同或相近型式的产品进行抽样检验。样品应在供应商声明的合格产品中抽取，抽样检验项目一般在出厂试验项目中选取。抽样检验重点核实供应商试验方法、试验场地环境、人员操作能力、仪器设备有效性和产品性能等方面。

现场对被核实产品进行抽样，对抽样产品进行至少两项出厂试验项目。

7　原材料/组部件管理

7.1　※原材料/组部件管理制度及执行情况

查验现场情况、管理规章制度、检查实际执行记录等相关信息。

a)　具有原材料/组部件管理制度、原材料进厂检验制度，并严格执行，记录明确。

b)　外购原材料/组部件有较为严格的供应商筛选制度，或与行业内较优秀的组部件供应商建立长期合作关系，外购原材料/组部件生产厂家应通过质量管理体系认证。

c)　对原材料/组部件按产品质量重要度分级进行检验，检验方式（抽检或普检）满足国家或行业标准要求。检验结果应符合产品设计图纸及技术条件的要求。

d)　原材料/组部件有相对独立的存放区域和适宜的环境，定置管理，标识清晰、正确、规范、合理。

e)　原材料/组部件使用现场记录内容规范、详实，具有可追溯性。

7.2　※现场抽查

查验原材料/组部件管理规程、设计图纸、采购合同等相关信息。

所采用的原材料/组部件不能有国家明令禁止的或国家电网有限公司不允许采用的。

现场随机抽查 3 种关键的外购组部件（如操动机构、瓷套、绝缘拉杆、灭弧室、密封圈、触头等），查看关键组部件的采购合同、质量保证书、出厂检测报告、组部件供应商资质文件、入厂检测记录、组部件管理文件等是否齐全，并查看关键组部件的存放环境。

8　数智制造

应用互联网和物联网技术，打造"透明工厂"，生产制造、试验检验、原材料/组部件管理等信息对买方公开，接入国家电网电工装备智慧物联平台，包括：

a)　加强数字基础设施建设，推动数字技术与先进制造技术融合发展。供应商相关业务数据、原材料/组部件检验数据、生产过程检验数据、出厂试验数据、成品信息数据和视频数据等支持自动采集或系统推送。数据接口需保障数据完整性、正确性、安全性，具有可扩展性、通信实时性等。

b)　具有原材料/组部件数据及检验数据接入条件，从原材料采购直至原材料检验入库过程中的关键工艺主要包括：绝操作杆（拉杆）、断路器弧触头、断路器喷口、操动机构、盆式绝缘子/支持绝缘子6项。

c)　具有工艺控制数据及检测数据接入条件，关键工艺主要包括：烘干间温度（如有）、内装间温度、内装间湿度、内装间洁净度、外装间温度、外装间湿度、外装间洁净度7项。

d)　具有出厂试验数据接入条件，关键试验流程包括：机械特性试验、雷电冲击试验（罐式断路器适用）、工频耐受电压、局部放电（罐式断路器适用）4项。

e)　具有视频接入条件，设备视频数据采集应包括：主部件内装、主部件外装、机械特性试验过程、雷电冲击试验过程（如有）、工频耐受电压试验过程、局部放电试验过程（如有）6 个区域。

9　绿色发展

查看供应商资源能源消耗情况、战略体系、绿色认证及其他支撑材料，包括：

a) 相关油、水、气、煤及电力、热力等能源消耗，建立能源利用统计报表制度，分析生产经营环节能源利用情况。

b) 相关绿色工厂认证、绿色产品标识、绿色供应链管理等相关资质文件。

c) 将绿色发展理念融入战略体系中，并形成明确的绿色发展目标，制定详实且具有操作性的实施路径。

d) 建立、实施并保持支撑企业绿色低碳发展的绿色管理体系情况，包括但不限于能源管理体系、碳排放管理体系、能源计量管理体系等。

e) 使用无害原材料，禁止使用国家明令禁止的淘汰设备、工艺技术等，并应用国家鼓励的节能设备与先进工艺技术情况。

f) 建立完善的绿色采购管理制度，推广绿色包装材料应用，并建立系统的循环利用体系，实施绿色制造情况。

g) 生产环节的大气污染物排放、水体污染物排放、固体废弃物排放、噪声排放等基础排放符合相关国家标准及地方标准要求情况。

10　售后服务及产能

查阅管理文件、组织机构设置、人员档案及售后服务记录等相关信息。

产能通过现场实际情况及供应商提供的产能计算报告，根据产品生产的瓶颈进行判断。

本文件中所有核实内容都将对供应商参与招投标活动有重要影响，其中标记"※"的内容是以往招标必备项的要求，也是重点核实内容，其他未标记"※"的为一般核实内容。

附 录 A
交流断路器的检测项目

交流断路器的检测项目包括：

a) 防护等级检查；

b) 回路电阻测量；

c) 温升试验；

d) 机械特性和机械操作试验；

e) 机械寿命试验；

f) 密封试验（SF_6 断路器适用）；

g) 气体水分含量测定（SF_6 断路器适用）；

h) 端子静态负荷试验（或提供计算书）；

i) 辅助和控制回路的绝缘试验；

j) 绝缘试验；

k) 无线电干扰电压试验（126kV 及以上适用）；

l) 出线端短路开断关合能力试验；

m) 额定短路开断电流开断次数试验；

n) 近区故障开断能力试验；

o) 异相接地故障开断能力试验 [仅限于 126（72.5）kV 产品]；

p) 失步开断关合能力试验 OP1－OP2（72.5kV 及以上）；

q) 线路充电电流开合试验方式 LC1－LC2；

r) 电缆充电电流开合试验方式 CC1－CC2（适用时强制）；

s) 短时耐受电流和峰值耐受电流试验；

t) 噪声测量；

u) 内部电弧试验（或提供计算书，罐式断路器适用）；

v) 局部放电试验；

w) 单个或背靠背电容器组开合试验（无功补偿电容器组回路适用）；

x) 电磁兼容性试验；

y) 真空断路器 X 射线测量试验；

z) 充气隔室外壳压力试验（罐式断路器适用）。

附 录 B
交流断路器的性能验证试验项目

交流断路器的性能验证试验项目包括：

a) 温升试验（1.1 倍额定电流）；

b) 常温下的机械操作试验；

c) 基本短路方式（T100s）试验；

d) 短时耐受电流和峰值耐受电流试验。

附 录 C
交流断路器的出厂试验项目

交流断路器的出厂试验项目包括：

a) 工频耐压试验；

b) 二次回路工频耐压试验；

c) 回路电阻测试；

d) 机械操作和机械特性试验；

e) SF_6 水分含量检测（SF_6 断路器适用）；

f) 密封试验（SF_6 断路器适用）；

g) 伏安特性测试（适用于罐式断路器）；

h) 局部放电测量（适用于罐式断路器）。

附　录　D
直流旁路开关的检测项目

直流旁路开关的检测项目包括：

a) 无线电干扰电压试验（≤500μV）；

b) 主回路电阻的测量；

c) 温升试验（额定短时直流电流或有效值等于额定短时直流电流的 50Hz 交流电流，30min）；

d) 短时电流耐受和峰值耐受电流试验；

e) 防护等级验证（控制箱、机构箱外壳：不低于 IP55）；

f) 密封试验（年泄漏率≤0.5%）；

g) 电磁兼容（EMC）试验；

h) 机械操作试验（≥2000 次）；

i) 端子静负载试验（或提供计算书）；

j) 抗震试验（或提供计算书）；

k) 辅助和控制回路的绝缘试验；

l) 人工污秽试验；

m) 直流电流转移试验（使用辅助开关替代换流阀组的试验方法）；

n) 绝缘试验。

附 录 E
直流旁路开关的性能验证试验项目

直流旁路开关的性能验证试验项目包括：

a） 温升试验；

b） 周围空气温度下的机械操作试验；

c） 短时耐受电流和峰值耐受电流试验；

d） 直流电流转移试验。

附　录　F
直流旁路开关的出厂试验项目

直流旁路开关的出厂试验项目包括：

a)　主回路的绝缘试验；

b)　辅助和控制回路的绝缘试验；

c)　主回路电阻的测量；

d)　密封性试验；

e)　设计和外观检查；

f)　机械操作试验。

附 录 G
直流转换开关的检测项目

G.1 开断装置

检测项目包括：

a) 辅助和控制回路的绝缘试验；

b) 短时电流耐受和峰值耐受电流试验；

c) 温升试验；

d) 主回路电阻的测量；

e) 机械操作试验；

f) 无线电干扰电压试验；

g) 密封性试验；

h) 电磁兼容（EMC）试验；

i) 防护等级试验；

j) 噪声水平测试；

k) SF_6 气体湿度测量；

l) 抗震试验（或提供计算书）；

m) 端子静负载试验（或提供计算书）；

n) 瓷绝缘子机械试验、温度循环试验，复合绝缘子抗弯试验；

o) 绝缘试验。

G.2 换相电容器

检测项目包括：

a) 运行试验；

b) 固有电感测量；

c) 热稳定性试验；

d) 端子与外壳间交流电压试验；

e) 端子与外壳间雷电冲击试验；

f) 短路放电试验；

g) 电容随温度变化曲线测量；

h) 电容器损耗角正切（$\tan\delta$）随温度变化曲线测量；

i) 局部放电试验；

j) 套管及导电杆受力试验。

G.3 非线性电阻器

检测项目包括：

a) 残压试验；

b) 能量释放试验；

c) 外观检查；

d) 爬电比距检查；

e) 持续电流试验；

f) 工频参考电压试验；

g) 直流参考电压试验；

h) 0.75 倍直流参考电压下泄漏电流试验；

i) 动作负载试验；

j) 密封试验；

k) 外绝缘耐受试验；

l) 压力释放试验；

m) 局部放电和无线电干扰电压试验；

n) 多柱避雷器的电流分布试验；

o) 符合外套避雷器热机和沸水煮试验；

p) 机械性能试验；

q) 符合外套避雷器外套的耐电痕化和蚀损试验；

r) 人工污秽试验。

G.4 电抗器

检测项目包括：

a) 电感测量；

b) 损耗和品质因数测量；

c) 温升试验；

d) 雷电冲击试验。

G.5 绝缘平台

检测项目包括：

a) 支柱绝缘子的试验；

b) 绝缘平台的冲击耐受电压试验；

c) 抗震试验。

G.6　直流转换开关整机型式试验

检测项目包括：

a）　电流转换试验；

b）　直流电压耐受试验；

c）　振荡参数的测量。

附 录 H
直流转换开关的性能验证试验项目

直流转换开关的性能验证试验项目包括：

a) 温升试验（采用最大持续运行电流或等效的 50Hz 的交流电流）；

b) 周围空气温度下的机械操作试验（≥10000 次）；

c) 电流转换试验；

d) 短时耐受电流和峰值耐受电流试验。

附 录 I
直流转换开关的出厂试验项目

I.1 开断装置

出厂试验项目包括：

a) 额定雷电冲击电压试验；

b) 辅助和控制回路的试验；

c) 主回路电阻测量；

d) 机械操作试验；

e) 密封性试验；

f) 设计和外观检查；

g) SF_6 气体湿度测量。

I.2 换相电容器

出厂试验项目包括：

a) 外观检查；

b) 电容值测量；

c) 电容器损耗角正切（$\tan\delta$）测量；

d) 端子间耐压试验；

e) 端子与外壳间交流耐压试验；

f) 局部放电试验；

g) 密封试验。

I.3 非线性电阻器

出厂试验项目包括：

a) 外观检查；

b) 持续电流试验；

c) 残压试验；

d) 工频参考电压试验；

e) 直流参考试验；

f) 0.75 倍直流参考电压下泄漏电流试验；

g) 密封试验；

h) 局部放电试验；

i）　多柱避雷器的电流分布试验；

j）　拉伸负荷试验。

I.4　电抗器

出厂试验项目包括：

a）　绕组电阻测量；

b）　电感值测量；

c）　感应过电压耐受试验。

40kV 及以上隔离开关供应商资质能力信息核实规范

目　　次

40kV 及以上隔离开关供应商资质能力信息核实规范

1 范围

本文件规定了国家电网有限公司对隔离开关产品供应商的资质条件及制造能力信息进行核实的依据。

本文件适用于国家电网有限公司交流隔离开关产品供应商的信息核实工作。包括：

a) 1100kV 交流隔离开关/接地开关；

b) 800kV 交流隔离开关/接地开关；

c) 550kV 交流隔离开关/接地开关；

d) 363kV 交流隔离开关/接地开关；

e) 252kV 交流隔离开关/接地开关；

f) 126kV 交流隔离开关/接地开关；

g) 72.5kV 交流隔离开关/接地开关；

h) 40.5kV 交流隔离开关/接地开关；

i) ±1100kV 直流隔离开关/接地开关；

j) ±816kV 直流隔离开关/接地开关；

k) ±515kV 直流隔离开关/接地开关；

l) ±408kV 直流隔离开关/接地开关；

m) ±150kV 直流隔离开关/接地开关；

n) ±100kV 直流隔离开关/接地开关；

o) ±50kV 直流隔离开关/接地开关；

p) ±40kV 直流隔离开关/接地开关。

2 规范性引用文件

下列文件中的内容通过文中的规范性引用而构成本文件必不可少的条款。其中，注日期的引用文件，仅该日期对应的版本适用于本文件；不注日期的引用文件，其最新版本（包括所有的修改单）适用于本文件。

GB/T 1985　高压交流隔离开关和接地开关

GB/T 25091　高压直流隔离开关和接地开关

GB/T 24837　1100kV 高压交流隔离开关和接地开关

GB/T 11022　高压交流开关设备和控制设备标准的共有技术要求

GB 50150　电气装置安装工程　电气设备交接试验标准

DL/T 486　高压交流隔离开关和接地开关

DL/T 593　高压开关设备和控制设备标准的共用技术要求

Q/GDW 13074　40.5kV 交流三相隔离开关单柱立开式接地开关采购标准

Q/GDW 13075　72.5kV 交流三相隔离开关采购标准

Q/GDW 13076　126kV～550kV 交流三相隔离开关接地开关采购标准

Q/GDW 13077　800kV 交流三相隔离开关采购标准

Q/GDW 13078　72.5kV 及以下交流单相隔离开关采购标准

3　资质信息

3.1　企业信息

3.1.1　※基本信息

查阅营业执照。

供应商为中华人民共和国境内依法注册的法人或其他组织。

3.1.2　法定代表人/负责人信息

查阅法定代表人/负责人身份证（或护照）。

3.1.3　财务信息

查阅审计报告、财务报表，其中审计报告为具有资质的第三方机构出具。

3.1.4　资信等级证明

查阅银行或专业评估机构出具的证明。

3.1.5　注册资本和股本结构

查阅验资报告。

3.2　※报告证书

3.2.1　检测报告

查阅检测报告、送样样品生产过程记录以及其他支撑资料。

a)　检测报告出具机构为国家授权的专业检测机构或者国际专业权威机构。境内检验机构具有计量认证证书（CMA）及中国合格评定国家认可委员会颁发的实验室认可证书（CNAS），且证书附表检测范围涵盖所核实产品。境外机构出具的检测报告同时提供中文版本或经公证后的中文译本。

b)　检测报告的委托方和产品制造方是供应商自身。

c)　检测产品型号与被核实的产品相一致。

d)　产品的检测报告符合相应的国家标准、行业标准、国家电网有限公司物资采购标准规定的型式试验项目和试验数值的要求。交流隔离开关和接地开关检测试验项目应符合附录 A、B、D，直流隔离开关和接地开关检测试验项目应符合附录 C。

e)　当产品在设计、工艺、生产条件或所使用的材料、主要元部件做重要改变或者产品转厂生产或异地生产时，须重新进行相应的型式试验。试验项目及技术要求详见各产品标准的有关规定。

3.2.2 管理体系认证

查阅管理体系认证证书，具有质量管理体系证书，证书在有效期内，有定期年检记录且认证范围涵盖被核实产品。

3.3 产品业绩

查阅供货合同及相对应的发票。

a) 合同的供货方和实际产品的生产方均为供应商自身。

b) 不同电压等级的产品业绩不可相互替代。

c) 出口业绩提供报关单、中文版本或经公证后的中文译本合同，业绩电压等级与国内不同时，往下取国内最接近的电压等级。

d) 不予统计的业绩有（不限于此）：

1) 与同类产品制造厂之间的业绩（2015 年以后国家电网有限公司变电站整站招标的除外）；

2) 作为元器件、组部件的业绩；

3) 与经销商、代理商之间的业绩（出口业绩除外）。

4 设计研发能力

4.1 技术来源与支持

查阅与合作支持方的协议及设计文件图纸等相关信息。

4.2 设计研发内容

查阅新产品的设计研发能力、试验研发能力、关键工艺技术、质量控制方面的试验研发能力。

4.3 设计研发人员

查阅设计研发部门的机构设置及人员信息。

4.4 设计研发工具

查阅设计研发工具。

4.5 获得专利情况

查阅与产品相关的专利证书。

4.6 参与标准制（修）订情况

查阅主持或参与制（修）订并已发布的标准等证明材料信息。

4.7 产品获奖情况

查阅获奖证书等相关信息。

4.8 参与的重大项目

查阅参与的项目的相关信息。

4.9 商业信誉

查阅企业相关国家、行业或第三方发布的综合实力、品牌等排名。

5 生产制造能力

5.1 ※生产厂房

查阅现场实际情况、土地使用权证/土地租赁凭证、房屋产权证/房屋租赁凭证、管理规章制度、车间整洁、用电客户编号等相关信息。

具有生产、装配、试验要求的厂房（租用厂房提供租赁合同），具有分装和总装车间，厂房面积满足生产需要。

5.2 ※生产工艺

5.2.1 工艺控制文件

查阅工艺控制文件、管理体系文件及工艺流程控制记录等相关资料。

各工序的作业指导书、工艺控制文件齐全、统一、规范。完整的工艺控制文件包括产品质量重要度分级、外购外协件清单及检测标准、生产工序流程、过程控制工艺卡、产品质量检验标准、生产操作手册、安装使用说明书等。其工艺文件中所规定的关键技术要求和技术参数不低于国家标准、电力行业标准、国家电网公司企业标准和物资采购标准及产品设计及技术条件的要求。各工艺环节中无国家明令禁止的行为。

5.2.2 关键生产工艺控制

产品工艺技术成熟、稳定。从原材料、组部件到产品入库所规定的每道工序的工艺技术能保证产品生产的需要。生产产品的各个工序按工艺控制文件执行，现场记录内容规范、详实，具有可追溯性。现场定置管理，有明显的标识牌，主要生产设备的操作规程图表上墙。

5.3 ※生产设备

查阅设备的现场实际情况及购买发票等相关信息（部分老旧设备可提供设备台账）。

a)　具有与产品生产相适应的设备，不能租用或借用。主要生产设备具有起吊装置、叉车、调试平台等装备。

b)　设备使用正常，设备上的计量仪器、仪表具有合格的检定或校准证书，并在有效期内。

5.4 生产、技术、质量管理人员

查阅人力资源部门管理文件（如劳动合同、社保证明、人员花名册等），包括生产、技术、质量管理等人员数量，观察现场人员的操作水平或结合现场实际情况和生产流程控制记录进行判断。

a)　具有生产需要的专职生产及技术人员，不得借用其他公司的。各个生产环节的员工熟悉所负责的生产环节和质量控制要求，熟练操作设备、工装器具，并定期培训。

b)　具有质量管理组织机构、质量管理部门及人员。

6 试验检测能力

6.1 ※试验场所

查看试验场所现场情况。

具有自己的试验场所。试验场所环境满足试验要求。

6.2 ※试验检测管理

查阅相关的规章制度文件、过程记录及试验报告等相关信息。

具有试验室管理制度、操作规程、试验标准及完整的试验原始记录，并在操作过程中严格按照规程执行。

6.3 ※试验检测设备

查阅设备的现场实际情况及购买发票、检定证书等相关信息。

a) 具有外购外协件检测设备及出厂试验所需的试验设备，具备完成全部出厂试验的能力。不能租用、借用其他公司的设备，或委托其他单位进行出厂试验。

b) 主要试验设备具有二次回路工频耐压试验装置（适用于电动操动机构）、回路电阻测试仪、机械特性测试仪、镀层厚度测量仪、触指压力测量装置、支柱瓷绝缘子探伤装置、操作支柱扭矩测量装置等。

c) 设备使用正常，具有检定报告，并在检定合格期内。

6.4 ※试验检测人员

查阅人力资源部门管理文件（如劳动合同、人员花名册等）、人员资质证书、培训记录及现场试验能力。

试验人员不能借用其他公司的，高电压试验人员至少有 2 人（具有与电气设备检测相关的资质证书）。试验人员能熟练操作试验设备和仪器仪表，并掌握试验方法、熟悉产品标准，能熟练和准确判断试验结果是否满足产品标准要求，具有一定的试验结果分析能力。试验人员经过考核培训，持证上岗。

6.5 ※现场抽样

6.5.1 抽查出厂试验报告

现场随机抽查至少两份被核实产品的出厂试验报告及对应的试验原始记录，查看内容是否规范完整、项目是否齐全。出厂试验项目应符合附录 D。

6.5.2 抽样检测

原则上现场应对与被核实产品相同或相近型式的产品进行抽样检验。样品应在供应商声明的合格产品中抽取，抽样检验项目一般在出厂试验项目中选取。抽样检验重点核实供应商试验方法、试验场地环境、人员操作能力、仪器设备有效性和产品性能等方面。

现场对被核实产品进行抽样，对抽样产品进行至少两项出厂试验项目。

7 原材料/组部件管理

7.1 ※原材料/组部件管理制度及执行情况

查验现场情况、管理规章制度、检查实际执行记录等相关信息。

a) 具有原材料/组部件管理制度、原材料进厂检验制度，并严格执行，记录明确。

b) 外购原材料/组部件有较为严格的供应商筛选制度，或与行业内较优秀的组部件供应商建立长期合作关系，外购原材料/组部件生产厂家应通过质量管理体系认证。

c) 对原材料/组部件按产品质量重要度分级进行检验，检验方式（抽检或普检）满足国家或行业标准要求。检验结果应符合产品设计图纸及技术条件的要求。

d) 原材料/组部件有相对独立的存放区域和适宜的环境，定置管理，标识清晰、正确、规范、合理。

e) 原材料/组部件使用现场记录内容规范、详实，并具有可追溯性。

7.2 ※现场抽查

查验原材料/组部件管理规程、设计图纸、采购合同等相关信息。

所采用的原材料/组部件不能有国家明令禁止的或国家电网有限公司不允许采用的。

现场随机抽查 3 种关键的组部件（如传动机构、操动机构、动/静触头、支柱绝缘子、导电杆、导电回路软连接、操作绝缘子等），查看关键组部件的采购合同、质量保证书、出厂检测报告、组部件供应商资质文件、入厂检测记录、组部件管理文件等是否齐全，并查看关键组部件的存放环境。

8　数智制造

应用互联网和物联网技术，打造"透明工厂"，生产制造、试验检验、原材料/组部件管理等信息对买方公开，接入国家电网电工装备智慧物联平台。

加强数字基础设施建设，推动数字技术与先进制造技术融合发展。供应商相关业务数据、原材料/组部件检验数据、生产过程检验数据、出厂试验数据、成品信息数据和视频数据等支持自动采集或系统推送。数据接口需保障数据完整性、正确性、安全性，具有可扩展性、通信实时性等。

9　绿色发展

查看供应商资源能源消耗情况、战略体系、绿色认证及其他支撑材料，包括：

a) 相关油、水、气、煤及电力、热力等能源消耗，建立能源利用统计报表制度，分析生产经营环节能源利用情况。

b) 相关绿色工厂认证、绿色产品标识、绿色供应链管理等相关资质文件。

c) 将绿色发展理念融入战略体系中，并形成明确的绿色发展目标，制定详实且具有操作性的实施路径。

d) 建立、实施并保持支撑企业绿色低碳发展的绿色管理体系情况，包括但不限于能源管理体系、碳排放管理体系、能源计量管理体系等。

e) 使用无害原材料，禁止使用国家明令禁止的淘汰设备、工艺技术等，并应用国家鼓励的节能设备与先进工艺技术情况。

f) 建立完善的绿色采购管理制度，推广绿色包装材料应用，并建立系统的循环利用体系，实施绿色制造情况。

g） 生产环节的大气污染物排放、水体污染物排放、固体废弃物排放、噪声排放等基础排放符合相关国家标准及地方标准要求情况。

10 售后服务及产能

查阅管理文件、组织机构设置、人员档案及售后服务记录等相关信息。

产能通过现场实际情况及供应商提供的产能计算报告，根据产品生产的瓶颈进行判断。

本文件中所有核实内容都将对供应商参与招投标活动有重要影响，其中标记"※"的内容是以往招标必备项的要求，也是重点核实内容，其他未标记"※"的为一般核实内容。

附 录 A
交流隔离开关的检测试验项目

检测试验项目包括：

a) 防护等级检查；

b) 回路电阻测量；

c) 温升试验；

d) 机械特性和机械操作；

e) 机械寿命试验；

f) 端子静态负荷试验；

g) 辅助和控制回路的绝缘试验；

h) 绝缘试验；

i) 无线电干扰电压试验（126kV 及以上适用）；

j) 隔离开关开合母线转换电流试验；

k) 短时耐受电流和峰值耐受电流试验；

l) 额定接触区试验（适用于单柱垂直伸缩式隔离开关）；

m) 严重冰冻条件下的操作试验；

n) 接地开关关合额定短路关合电流试验；

o) 接地开关开合感应电流试验；

p) 隔离开关开合小电容和小电感电流试验；

q) 位置指示装置正确功能试验。

附 录 B
性 能 验 证 试 验 项 目

性能验证试验项目包括：

a) 温升试验（仅对隔离开关）；

b) 机械操作和机械寿命试验。

附 录 C
直流隔离开关的检测试验项目

直流隔离开关的检测试验项目包括：

a) 防护等级检查；

b) 主回路电阻测量；

c) 温升试验；

d) 机械特性和机械操作；

e) 机械寿命试验；

f) 端子静态机械负荷试验；

g) 辅助和控制回路的绝缘试验；

h) 绝缘试验；

i) 无线电干扰电压试验（额定直流电压 408kV 及以上适用）；

j) 短时耐受电流和峰值耐受电流试验；

k) 额定接触区试验（适用于单柱垂直伸缩式隔离开关）；

l) 严重冰冻条件下的操作试验（适用时强制）；

m) 极限温度下的操作试验（适用时强制）。

附 录 D
隔离开关出厂试验项目

隔离开关出厂试验项目包括：
a) 主回路的绝缘试验；
b) 辅助和控制回路的绝缘试验；
c) 主回路电阻测量；
d) 机械操作和机械特性试验（包括机械联锁检查）；
e) 设计和外观检查。

10kV 及以上电抗器供应商资质能力信息核实规范

目　次

10kV 及以上电抗器供应商资质能力信息核实规范

1 范围

本文件规定了国家电网有限公司对电抗器产品供应商的资质条件及制造能力信息进行核实的依据。

本文件适用于国家电网有限公司 10kV 及以上电抗器产品供应商的信息核实工作。10kV 及以上电抗器产品包括：

a) 1000kV 高压并联电抗器（含配套的中性点接地电抗器）；

b) 220kV～750kV 高压并联电抗器（含配套的中性点接地电抗器）；

c) 35kV～66kV 油浸式并联电抗器；

d) 10kV～110kV 干式空心并联电抗器；

e) 10kV～35kV 干式铁心并联电抗器；

f) 10kV～66kV 限流电抗器；

g) 35kV～66kV 中性点电抗器（变压器用中性点电抗器）；

h) 10kV～110kV 干式空心串联电抗器；

i) 10kV～35kV 干式铁心串联电抗器；

j) 35kV～66kV 油浸串联电抗器。

k) 150kV 及以上平波电抗器；

l) 滤波器组电抗器；

m) 直流 PLC 电抗器；

n) ELIS 电抗器；

o) 极线限流电抗器；

p) 中性线限流电抗器；

q) 阻塞电抗器。

2 规范性引用文件

下列文件中的内容通过文中的规范性引用而构成本文件必不可少的条款。其中，注日期的引用文件，仅该日期对应的版本适用于本文件；不注日期的引用文件，其最新版本（包括所有的修改单）适用于本文件。

GB/T 311.1 绝缘配合 第 1 部分：定义、原则和规则

GB/T 1094.1 电力变压器 第 1 部分：总则

GB/T 1094.2　电力变压器　第 2 部分：油浸式变压器的温升

GB/T 1094.3　电力变压器　第 3 部分：绝缘水平、绝缘试验和外绝缘空气间隙

GB/T 1094.4　电力变压器　第 4 部分：电力变压器和电抗器的雷电冲击和操作冲击试验导则

GB/T 1094.6　电力变压器　第 6 部分：电抗器

GB/T 1094.10　电力变压器　第 10 部分：声级测定

GB 2536　电工流体　变压器和开关用的未使用过的矿物绝缘油

GB/T 2900.95　电工术语　变压器、调压器和电抗器

GB/T 4109　交流电压高于 1000V 的绝缘套管

GB/T 4585　交流系统用高压绝缘子的人工污秽试验

GB/T 5273　高压电器端子尺寸标准化

GB/T 7354　高电压试验技术　局部放电测量

GB/T 7595　运行中变压器油质量

GB/T 11604　高压电气设备无线电干扰测试方法

GB/T 16434　高压架空线路和发电厂、变电所环境污区分级及外绝缘选择标准

GB/T 16927.1　高压试验技术　第 1 部分：一般定义及试验要求

GB/T 16927.2　高压试验技术　第 2 部分：测量系统

GB/T 20837　高压直流输电用油浸式平波电抗器技术参数和要求

GB/T 20840.2　互感器　第 2 部分：电流互感器的补充技术要求

GB/T 23753　330kV 及 550kV 油浸式并联电抗器技术参数和要求

GB/T 24844　1000kV 交流系统用油浸式并联电抗器技术规范

GB/T 25092　高压直流输电用干式空心平波电抗器

GB/T 26218.1　污秽条件下使用的高压绝缘子的选择和尺寸确定　第 1 部分：定义、信息和一般原则

GB 50150　电气装置安装工程电气设备交接试验标准

DL/T 596　电力设备预防性试验规程

DL/T 722　变压器油中溶解气体分析与判断导则

DL/T 1094　电力变压器用绝缘油选用导则

JB/T 10775　6kV～35kV 级干式并联电抗器技术参数和要求

NB/T 42019　750kV 和 1000kV 级油浸式并联电抗器技术参数和要求

Q/GDW 101　750kV 变电所设计暂行技术规定（电气部分）

Q/GDW 104　750kV 系统用油浸式并联电抗器技术规范

Q/GDW 157　750kV 电气主设备交接试验标准

Q/GDW 13055～13064、13066　国家电网有限公司物资采购标准　电抗器卷

3 资质信息

3.1 企业信息

3.1.1 ※基本信息

查阅营业执照。

供应商为中华人民共和国境内依法注册的法人或其他组织。

3.1.2 法定代表人/负责人信息

查阅法定代表人/负责人身份证（或护照）。

3.1.3 财务信息

查阅审计报告、财务报表，其中审计报告为具有资质的第三方机构出具。

3.1.4 资信等级证明

查阅银行或专业评估机构出具的证明。

3.1.5 注册资本和股本结构

查阅验资报告。

3.2 报告证书

3.2.1 ※检测报告

查阅检测报告、送样样品生产过程记录以及其他支撑资料。

    a) 检测报告出具机构为国家授权的专业检测机构或者国际专业权威机构。境内检测机构具有计量认证证书（CMA）及中国合格评定国家认可委员会颁发的实验室认可证书（CNAS），且证书附表检测范围涵盖所核实产品。境外机构出具的检测报告还应同时提供中文版本检测报告或经公证后的中文译本。

    b) 检测报告的委托方和产品制造方是供应商自身。

    c) 检测报告中产品类别与被核实的产品相一致。

    d) 国家标准、行业标准规定的检测报告有效期有差异的，以有效期短的为准；国家标准、行业标准均未明确检测报告有效期的，检测报告有效期按长期有效认定。

    e) 产品的检测报告符合相应的国家标准、行业标准、国家电网有限公司物资采购标准规定的试验项目和试验合格标准的要求，试验报告项目应符合附录 A。

    f) 当产品在设计、材料或制造工艺改变或者产品转厂生产或异地生产时，须重新进行相应的型式试验。

3.2.2 鉴定证书

查阅鉴定证书。

3.2.3 ※管理体系认证

查阅管理体系认证证书，具有质量管理体系证书，证书在有效期内，有定期年检记录且认证范围涵盖被核实产品。

3.2.4 产品业绩

查阅供货合同及相对应的合同销售发票。

a) 合同的供货方和实际产品的生产方均为供应商自身。

b) 出口业绩提供报关单、中文版本或经公证后的中文译本合同，业绩电压等级与国内不同时，往下取国内最接近的电压等级。

c) 不予统计的业绩有（不限于此）：

1) 与同类产品制造厂之间的业绩（2015 年以后国家电网有限公司变电站整站招标的除外）；

2) 作为元器件、组部件的业绩；

3) 供应商与经销商、代理商之间的业绩（出口业绩除外）。

4 设计研发能力

4.1 技术来源与支持

查阅与合作支持方的协议及设计文件图纸等相关信息。

4.2 设计研发内容

查阅产品研发的设计、试验、关键工艺技术、质量控制方面的情况。

4.3 设计研发人员

查阅设计研发部门的机构设置及人员信息。

4.4 设计研发工具

查阅实际研发设计工具等相关信息。

4.5 获得专利情况

查阅与产品相关的专利证书。

4.6 参与标准制（修）订情况

查阅主持或参与制（修）订并已发布的标准及相关证明材料信息。

4.7 产品获奖情况

查阅与产品相关的省部级及以上获奖证书的相关信息。

4.8 商业信誉

查阅企业相关国家、行业或第三方发布的综合实力、品牌等排名。

5 生产制造能力

5.1 ※生产厂房

查阅不动产权证书、土地使用权证、房屋产权证、厂房设计图纸、房屋租赁合同、用电客户编号等相关信息。

具有与产品相配套的厂房，厂房为自有或长期租赁，厂房面积、洁净程度能保证产品生产的需要。

5.2 ※生产工艺

5.2.1 工艺控制文件

查阅工艺控制文件、管理体系文件及工艺流程控制记录等相关资料。

各工序的作业指导书、工艺控制文件齐全、统一、规范，并与现行的生产工艺一致。

其工艺文件中所规定的关键技术要求和技术参数符合国家标准、行业标准、国家电网有限公司物资采购标准的要求。各工艺环节中无国家明令禁止的行为。

重要工艺环节的控制文件及操作手册齐全（油浸式：铁心制作、线圈绕制、器身装配、干燥、油处理、真空注油、静置、试验等；干式：包封绕制、固化、表面处理及喷涂、试验等）。实际生产中严格按该文件执行，并具有相关记录。

5.2.2 关键生产工艺控制

产品工艺技术成熟、稳定。从原材料/组部件到产品入库所规定的每道工序的工艺技术能保证产品生产的需要。生产产品的各个工序按工艺文件执行，现场记录内容规范、详实，具有可追溯性。现场定置管理，有明显的标识牌，主要生产设备的操作规程图表上墙。

5.3 ※生产设备

查阅主要设备的现场实际情况及购买发票等相关信息。

a) 具有与产品生产相适应的设备（详见附录 B），设备自有，不能租用、借用其他公司的设备，且使用情况良好。生产设备应符合附录 B。

b) 设备使用正常，设备上的计量仪器仪表具有有效期内的检定证书或校准证书。

5.4 生产、技术、质量管理人员

查阅人力资源部门管理文件（如劳动合同、人员花名册、社保证明等），包括生产、技术、质量管理等人员数量。结合现场实际情况，观察现场人员的操作水平。

a) 具有生产需要的专职生产人员及技术人员。一线生产人员培训上岗，操作熟练。

b) 具有质量管理组织机构、质量管理部门及人员。

6 试验检测能力

6.1 ※试验场所

查看试验场所现场情况。

220kV 及以上并联电抗器供应商具有独立、封闭的试验大厅，试验大厅尺寸能保证产品试验的需要；110kV 及以下电抗器供应商具有独立的试验场所，试验场所尺寸能保证产品试验的需要。试验场所环境符合核实产品的要求。

6.2 ※试验检测管理

查阅相关的规章制度文件、原始记录及出厂试验报告等相关信息。

具有试验室管理制度、操作规程、试验标准，并在操作过程中严格按照规程执行。

6.3 ※试验检测设备

查阅设备的现场实际情况及购买发票等相关信息。

a) 具有全部出厂试验项目所需的设备，不能租用、借用其他公司的设备，或委托其他单位进行出厂试验。试验设备应符合附录 C。

b) 设备使用正常，具有相应资格单位出具的有效期内的检定证书或校准证书。

6.4 ※试验检测人员

查阅人力资源部门管理文件（如劳动合同、人员花名册等）、人员资质证书及培训记录。试验人员能独立完成试验，操作熟练，能理解并掌握相关国家标准、电力行业标准和国家电网有限公司物资采购标准的规定，并具有一定的试验结果分析能力。高电压试验人员至少有 2 人，经过考核培训持证上岗。

6.5 ※现场抽样

6.5.1 抽查出厂试验报告及原始记录

现场抽查相近产品的 2 份出厂试验报告及原始记录，出厂试验报告及原始记录完整、正确，已存档管理。

6.5.2 抽样检测

原则上现场对与被核实产品相同或相近型式的产品进行抽样检验。样品应在供应商声明的合格产品中抽取，抽样检验项目一般在出厂试验项目中选取。抽样检验重点核实供应商试验方法、试验场地环境、人员操作能力、仪器设备有效性和产品性能等方面。

在已具备出厂条件的产品中抽取 1 台，选取出厂试验项目中的 3 个项目。

7 原材料/组部件管理

7.1 ※管理规章制度

查阅原材料/组部件管理规章制度。

a) 具有进厂检验制度，具有原材料/组部件管理制度。

b) 具有主要原材料/组部件供应商筛选制度。

7.2 ※管理控制情况

查看原材料/组部件管理实际执行情况。

a) 设计选用的原材料（干式：铝导线、铜箔、铜导线、环氧树脂、玻璃纤维、硅钢片、绝缘件等；油浸式：间隙用垫块、硅钢片、电磁线、绝缘件、绝缘油、密封材料等）、组部件（干式空心：支柱绝缘子等；油浸式：套管、套管式电流互感器、散热器、气体继电器、压力释放阀、油位计、温度计、吸湿器、端子箱、储油柜等）符合国家或行业标准要求。采用的原材料/组部件无国家明令禁止的。

b) 按工艺文件所规定的技术要求和相应管理文件，根据生产计划采购，有原材料/组部件供应商的评估筛选记录。主要原材料/组部件供应商变更有相应的报告，并在相关工艺文件中说明。

c) 按规定进行进厂检验，验收合格后入库，检测记录完整详实，并具有可追溯性。

d) 物资仓库有足够的存储空间和适宜的环境，实行定置管理，分类独立存放，标识清晰、正确、规范、合理。

e) 原材料/组部件使用现场记录内容规范、详实，并具有可追溯性。

8 数智制造

应用互联网和物联网技术，打造"透明工厂"，生产制造、试验检验、原材料/组部件管理等信息对买方公开，接入国家电网电工装备智慧物联平台，包括：

a) 加强数字基础设施建设，推动数字技术与先进制造技术融合发展。供应商相关业务数据、原材料/组部件检验数据、生产过程检验数据、出厂试验数据、成品信息数据和视频数据等支持自动采集或系统推送。数据接口需保障数据完整性、正确性、安全性，具有可扩展性、通信实时性等。

b) 具有原材料/组部件数据及检验数据接入条件，从原材料采购直至原材料检验入库过程中关键工艺主要包括：电工钢带片、绕组线 2 项。

c) 具有工艺控制数据及检测数据接入条件，生产工艺流程中从生产开始直至整机装配完毕过程中关键工艺主要包括：线圈制作、器身干燥、铁心制作、绝缘装配、油箱制作、器身装配、总装配及工艺处理 7 项。

d) 具有出厂试验数据接入条件，从试验直至包装入箱过程中关键试验流程，包括：电抗和损耗值测量、线端雷电全波冲击试验、操作冲击试验、外施耐压试验、感应耐压试验、带有局部放电测量的感应电压试验、温升试验、绝缘油试验、铁心和夹件等绕组对地直流绝缘电阻测量、绕组电阻测量、线端雷电截波冲击试验、中性点端子雷电全波冲击试验、线端交流耐压试验、绝缘油中溶解气体测量、频率响应测量、套管电容及介质损耗因数测量、绕组对地电容测量及绝缘系统电容的介质损耗因数测量、密封试验、声级测量、振动测量、无线电干扰水平测量、电流谐波测量、励磁特性测量 22 项。

e) 具有视频接入条件，设备视频数据采集应包括总装配过程、控制室、试验大厅 3 个区域。

9 绿色发展

查看供应商资源能源消耗情况、战略体系、绿色认证及其他支撑材料，包括：

a) 相关油、水、气、煤及电力、热力等能源消耗，建立能源利用统计报表制度，分析生产经营环节能源利用情况。

b) 相关绿色工厂认证、绿色产品标识、绿色供应链管理等相关资质文件。

c) 将绿色发展理念融入战略体系中，并形成明确的绿色发展目标，制定详实且具有操作性的实施路径。

d) 建立、实施并保持支撑企业绿色低碳发展的绿色管理体系情况，包括但不限于能源管理体系、碳排放管理体系、能源计量管理体系等。

e) 使用无害原材料，禁止使用国家明令禁止的淘汰设备、工艺技术等，并应用国家鼓励的节能设备与先进工艺技术情况。

f) 建立完善的绿色采购管理制度，推广绿色包装材料应用，并建立系统的循环利用体系，实施绿色制造情况。

g) 生产环节的大气污染物排放、水体污染物排放、固体废弃物排放、噪声排放等基础排放符合相关国家标准及地方标准要求情况。

10　售后服务及产能

10.1　售后服务

查阅管理文件、组织机构设置、人员档案、售后履约服务证明以及售后服务记录等相关信息。

10.2　产能

产能情况通过现场实际情况及供应商提供的产能计算报告，根据产品生产的瓶颈进行判断。

产能瓶颈环节：线圈包封绕制能力、固化能力（受制于固化炉的台数及容纳能力），总装配能力，整机干燥能力（受制于干燥炉的数量及容纳能力），出厂试验能力（受制于出厂试验设备数量及人员操作熟练程度）。

本文件中所有核实内容都将对供应商参与招投标活动有重要影响，其中标记"※"的内容是以往招标必备项的要求，也是重点核实内容，其他未标记"※"的为一般核实内容。

附 录 A
检 测 报 告 试 验 项 目

本附录中带#的试验项目为例行试验项目。

A.1 1000kV 油浸并联电抗器

试验项目包含：
a) #绕组电阻测量；
b) #电抗测量；
c) #损耗测量；
d) #绕组对地绝缘电阻、吸收比和极化指数测量；
e) #铁心、夹件绝缘电阻测量（铁心和夹件绝缘检查）；
f) #辅助接线绝缘试验；
g) #绕组对地的电容和介质损耗因数（tanδ）测量；
h) #首端操作冲击试验；
i) #首端雷电全波冲击试验；
j) #外施耐压试验；
k) #长时感应电压试验（ACLD）（带有局部放电测量的感应电压试验）；
l) #油箱密封试验（压力密封试验）；
m) #绝缘油试验；
n) #绝缘油中溶解气体分析；
o) #套管介质损耗因数及电容量的测量；
p) #套管式电流互感器试验（内装电流互感器变比和极性检查）；
q) #声级测定；
r) #振动测量；
s) #1.05 倍过电流试验（不做温升试验时进行）；
t) 油箱机械强度试验（真空变形测量和压力变形测量）；
u) 首端雷电截波冲击试验；
v) 末端雷电全波冲击试验；
w) 磁化特性测量；
x) 电流的谐波测量；
y) 温升试验；
z) 风扇电机所吸取功率的测量（适用于风冷却方式的电抗器）。

A.2 220kV 及以上油浸并联电抗器配套用中性点接地电抗器（电压等级 35kV～170kV）

试验项目包含：
a) #绕组电阻测量；

b) #额定持续电流时的阻抗测量（电抗测量）；

c) #环境温度下的损耗测量；

d) #绕组对地绝缘电阻测量（绝缘电阻测量）；

e) #绕组对地电容及介质损耗因数测量；

f) #首端雷电冲击全波试验；

g) #短时感应耐压试验（线端交流耐压试验，适用于 500kV 及以上并联电抗器配套有中性点接地电抗器）；

h) #外施耐压试验；

i) #油箱压力密封试验；

j) #绝缘油试验；

k) 额定持续电流下的温升试验；

l) 首端雷电冲击截波试验。

A.3 220kV~750kV 油浸并联电抗器

试验项目包含：

a) #绕组电阻测量。

b) #电抗测量。

c) #环境温度下的损耗测量。

d) #绝缘试验：

1) 外施耐压试验；

2) 长时感应电压试验（ACLD）/带有局部放电测量的感应电压试验（IVPD，2019 年 1 月 1 日之前出具报告的试验项目名称为长时感应电压试验）；

3) 短时感应耐压试验（ACSD）/线端交流耐压试验［LTAC，2019 年 1 月 1 日之前出具报告的试验项目名称为短时感应耐压试验（ACSD）］；

4) 雷电冲击试验（全波和截波）/线端雷电全波试验（LI）、线端雷电截波试验（LIC）、中性点端子雷电全波试验（LIN，2019 年 1 月 1 日之前出具报告的试验项目名称为雷电冲击试验）；

5) 操作冲击试验/线端操作冲击试验（2019 年 1 月 1 日之前出具报告的试验项目名称为操作冲击试验）。

e) #绝缘电阻测量。

f) #电容及介质损耗因数测量。

g) #绝缘油试验。

h) #绝缘油中溶解气体测量。

i) 温升试验。

j) 振动测量。

k) 声级测定。

l) 风扇和油泵所消耗功率测量（2018 年 1 月 1 日之后出具的报告具备此项）。

注：风扇电机功率测量适用于风冷电抗器，风扇和油泵电机功率测量适用于强迫油循环电抗器。自冷电抗器不需要做此项。

A.4 66kV 及以下油浸并联电抗器

试验项目包含：

a) #绕组电阻测量。

b) #电抗测量。

c) #环境温度下的损耗测量。

d) #绝缘试验：

1) 外施耐压试验；

2) 感应耐压试验；

3) 雷电冲击试验（全波和截波）/线端雷电全波试验（LI）、线端雷电截波试验（LIC）、中性点端子雷电全波试验（LIN，如有，2019 年 1 月 1 日之前出具报告的试验项目名称为雷电冲击试验）。

e) #绝缘电阻测量。

f) #电容及介质损耗因数测量。

g) #绝缘油试验。

h) 温升试验。

i) 振动测量。

j) 声级测定。

A.5 110kV 及以下干式空心并联电抗器

试验项目包含：

a) #绕组电阻测量。

b) #电抗测量。

c) #环境温度下的损耗测量。

d) 绝缘试验：

1) 外施耐压试验；

2) 感应耐压试验；

3) 雷电冲击试验（全波）/线端雷电全波试验（LI）、中性点端子雷电全波试验（LIN，如有，2019 年 1 月 1 日之前出具报告的试验项目名称为雷电冲击试验）；

4) #雷电全波冲击耐压试验（每个 40000kvar 单元首端、尾端分别进行雷电全波冲击试验）；

5) 雷电截波冲击试验（每个 40000kvar 单元首端、尾端分别进行雷电截波冲击试验）。

注：第 4）、第 5）适用于 110kV 低压并联电抗器。

e) #绝缘电阻测量。

f) 温升试验。

g) 声级测定。

A.6　35kV 及以下干式铁心并联电抗器

试验项目包含：

a)　#绕组电阻测量。

b)　#电抗测量。

c)　#环境温度下的损耗测量。

d)　#绝缘试验：

　　1)　外施耐压试验；

　　2)　感应耐压试验；

　　3)　雷电冲击试验/线端雷电全波试验（LI，2019 年 1 月 1 日之前出具报告的试验项目名称为雷电冲击试验）。

e)　#绝缘电阻测量。

f)　#局部放电测量。

g)　温升试验。

h)　声级测定。

i)　振动测量/振动测试。

A.7　66kV 及以下干式空心限流电抗器

试验项目包含：

a)　#绕组电阻测量。

b)　#阻抗测量/电抗测量。

c)　#环境温度下的损耗测量。

d)　绝缘试验：

　　1)　外施耐压试验；

　　2)　#绕组/匝间过电压试验或雷电冲击试验/线端雷电全波试验（LI，2019 年 1 月 1 日之前出具报告的试验项目名称为雷电冲击试验）。

e)　#绝缘电阻测量。

f)　温升试验。

g)　声级测定。

A.8　35kV～66kV 中性点电抗器（变压器中性点接地电抗器）

试验项目包含：

a)　#绕组电阻测量；

b)　#电抗测量；

c)　#环境温度下的损耗测量；

d)　#绕组/匝间过电压试验；

e)　#绝缘电阻测量（适用于带间隙铁心或磁屏蔽空心电抗器）；

f)　#外施耐压试验（适用于带间隙铁心或磁屏蔽空心电抗器）；

g)　#绝缘油试验（适用于油浸式中性点电抗器）；

h) 温升试验（额定持续电流下的温升试验）；

i) 雷电冲击试验；

j) 声级测定。

A.9 油浸式平波电抗器

试验项目包含：

a) #绕组电阻测量；

b) #增量电感测量；

c) #绝缘油试验；

d) #操作冲击试验；

e) #雷电全波冲击试验；

f) #包括局部放电测量和声波探测测量的外施直流电压耐受试验；

g) #包括局部放电测量的极性反转试验；

h) #外施交流电压耐受试验和局部放电测量；

i) #绕组对地直流绝缘电阻测量；

j) #铁心和夹件绝缘检查；

k) #绝缘系统电容的介质损耗因数（$\tan\delta$）测量；

l) #绕组对地的电容量测量；

m) #压力密封试验；

n) #辅助回路绝缘试验；

o) #真空变形试验；

p) #压力变形试验；

q) 雷电截波冲击试验；

r) 温升试验；

s) 声级测定。

A.10 干式平波电抗器

试验项目包含：

a) #直流电阻与直流损耗测量；

b) #电感测量；

c) #交流等效电阻与谐波损耗测量；

d) #主要谐波频率下的电抗和品质因数测量；

e) #端对端雷电全波冲击试验；

f) #直流负载试验；

g) 端对端雷电截波冲击试验；

h) 端对端中频振荡电容器放电试验；

i) 端对地雷电全波冲击试验；

j) 端对地雷电全波冲击试验；

k) 端对地外施直流电压耐受试验；

l) 温升试验；

m) 无线电干扰水平测量；

n) 高频阻抗与杂散电容测量；

o) 声级测定。

A.11 滤波器组电抗器

试验项目包含：

a) #绕组电阻测量；

b) #电抗/电感测量；

c) #损耗和品质因数测量；

d) #绕组过电压测量；

e) #绝缘电阻测量；

f) #绕组匝间耐压试验（端对端雷电冲击试验代替）；

g) #支柱绝缘子耐受电压试验（干）；

h) 温升试验；

i) 雷电冲击试验（端对端、端对地）；

j) 声级测定；

k) 电感和电阻值随频率变化的测量；

l) 支柱绝缘子耐受电压试验（湿）；

m) 操作冲击试验（中频振荡试验代替）。

A.12 直流 PLC 电抗器

试验项目包含：

a) #绕组电阻测量。

b) #电感值测量。

c) #损耗测量。

d) 绝缘试验：

    1) 外施耐压试验；

    2) #绕组雷电冲击试验（全波）或匝间过电压试验。

e) #绝缘电阻测量。

f) 温升试验。

g) 声级测定。

h) 测量频率变化时电感和电阻。

A.13 110kV 及以下干式空心串联电抗器

试验项目包含：

a) #电抗测量；

b) #损耗测量；

c) #绕组电阻测量；

d) #绝缘电阻测量；

e) #绕组匝间耐压试验；

f) #外施耐压试验；

g) #绝缘子探伤试验；

h) 温升试验；

i) 雷电冲击试验；

j) 声级测定。

A.14 35kV 及以下干式铁心串联电抗器

试验项目包含：

a) #绕组电阻测量。

b) #电抗测量。

c) #环境温度下的损耗测量（损耗测量）。

d) #绝缘电阻测量。

e) #绝缘试验：

　　1) 外施耐压试验；

　　2) #绕组匝间绝缘试验；

　　3) 雷电冲击试验/线端雷电全波试验（LI，2019 年 1 月 1 日之前出具报告的试验项目名称为雷电冲击试验）。

f) 温升试验。

g) 声级测定。

A.15 66kV 及以下油浸串联电抗器

试验项目包含：

a) #绕组电阻测量。

b) #电抗测量。

c) #环境温度下的损耗测量（损耗测量）。

d) #绝缘试验：

　　1) #外施耐压试验；

　　2) #绕组匝间绝缘试验；

　　3) 雷电冲击试验/线端雷电全波试验（LI，2019 年 1 月 1 日之前出具报告的试验项目名称为雷电冲击试验）。

e) #绝缘电阻测量。

f) #压力密封试验

g) #绝缘油试验

h) 温升试验。

i) 压力变形试验。

j) 声级测定。

附 录 B

主 要 生 产 设 备

B.1 干式铁心电抗器

生产设备包含：

a) 绕线机；

b) 真空浇注设备；

c) 固化炉。

B.2 干式空心电抗器

生产设备包含：

a) 玻璃纤维浸胶设备；

b) 线圈包封绕制设备；

c) 固化炉。

B.3 油浸式电抗器

生产设备包含：

a) 铁心制作：横剪切线、铁心饼加工设备。

b) 线圈绕制：绕线机。

c) 器身装配：器身装配架。

d) 器身干燥：变压法干燥炉（仅适用于 110kV 及以下）或煤油气相干燥炉。

e) 总装：行车。

f) 真空注油设备：真空滤油装置、真空机组。

附 录 C
试 验 设 备

本附录中带#的试验设备为主要试验设备。

C.1 干式电抗器

试验设备包含：

a) #试验变压器；

b) #声级计；

c) #直流电阻测试仪；

d) #绝缘电阻测试仪（兆欧表）；

e) #功率分析仪（或电压表、电流表及功率表）；

f) #电流互感器或分流器；

g) #脉冲放电匝间绝缘试验装置（或雷电冲击电压发生器）；

h) #局部放电测试仪（干式铁心并联电抗器产品具备）；

i) 直流电压发生器（适用于直流输电工程设备）；

j) 中间变压器或变频电源；

k) 调压器；

l) 电压互感器；

m) 标准分压器；

n) 电容补偿装置；

o) 直流电压发生器（适用于直流输电工程设备）；

p) 无线电干扰测试仪（适用 220kV 及以上电抗器和平波电抗器）。

C.2 油浸式电抗器

试验设备包含：

a) #振动测量仪；

b) #冲击电压发生器；

c) #试验变压器；

d) #声级计；

e) #绝缘油耐压测试仪；

f) #绝缘油介质损耗测试仪；

g) #直流电阻测试仪；

h) #绝缘电阻测试仪；

i) #电抗器整机介质损耗测试仪；

j) #功率分析仪（或电压表、电流表及功率表）；

k） #电流互感器或分流器；

l） #油色谱分析仪（66kV 及以上产品具备）；

m） #电容补偿装置（66kV 及以上产品具备）；

n） #局部放电测试仪（66kV 及以上产品具备）；

o） #绝缘油中微水含量测试仪（66kV 及以上产品具备）；

p） 直流电压发生器（适用于平波电抗器）；

q） 标准分压器；

r） 工频发电机组；

s） 中频发电机组或变频电源；

t） 中间变压器；

u） 调压器；

v） 电压互感器；

w） 绝缘油中含气量测试仪（适用于 330kV 及以上产品）；

x） 无线电干扰测试仪（适用于 220kV 及以上电抗器和平波电抗器）。

注：所用试验设备与申请的产品电压等级和容量相匹配。

10kV 及以上小电阻接地成套装置、消弧线圈、接地变压器及成套装置供应商资质能力信息核实规范

目　次

10kV 及以上小电阻接地成套装置、消弧线圈、接地变压器及成套装置供应商资质能力信息核实规范

1 范围

本文件规定了国家电网有限公司对小电阻接地成套装置、消弧线圈、接地变压器及成套装置产品供应商的资质条件及制造能力信息进行核实的依据。

本文件适用于国家电网有限公司 10kV 及以上小电阻接地成套装置、消弧线圈、接地变压器及成套装置产品供应商信息核实工作。包括：

a) 10kV～35kV 干式消弧线圈及接地变压器成套装置；

b) 35kV 油浸式消弧线圈及接地变压器成套装置；

c) 10kV～35kV 干式消弧线圈（含控制器）；

d) 35kV～66kV 油浸式消弧线圈（含控制器）；

e) 10kV～35kV 接地变压器；

f) 10kV～66kV 小电阻接地成套装置。

2 规范性引用文件

下列文件中的内容通过文中的规范性引用而构成本文件必不可少的条款。其中，注日期的引用文件，仅该日期对应的版本适用于本文件；不注日期的引用文件，其最新版本（包括所有的修改单）适用于本文件。

GB/T 311.1～2 绝缘配合

GB/T 1094.1～5 电力变压器

GB/T 1094.6 电力变压器 第 6 部分：电抗器

GB/T 1094.10 电力变压器 第 10 部分：声级测定

GB/T 1094.11 电力变压器 第 11 部分：干式变压器

GB/T 4208 外壳防护等级（IP 代码）

GB/T 7354 局部放电测量

GB/T 8287.1 标称电压高于 1000V 系统用户内和户外支柱绝缘子 第 1 部分：瓷或玻璃绝缘子的试验

GB/T 10230.1～2 分接开关

GB/T 11032 交流无间隙金属氧化物避雷器

GB/T 13540　高压开关设备和控制设备的抗震要求

GB/T 14549　电能质量　公用电网谐波

GB/T 16927.1～2　高电压试验技术

GB/T 17626.2～12　电磁兼容　试验和测量技术

GB/T 20840.2　互感器　第 2 部分：电流互感器的补充技术要求

GB 50150　电气装置安装工程　电气设备交接试验标准

DL/T 620　交流电气装置的过电压保护和绝缘配合

DL/T 780　配电系统　中性点接地电阻器

DL/T 1057　自动跟踪补偿消弧线圈成套装置技术条件

JB/T 6319　电阻器基本技术要求

JB/T 10777　中性点接地电阻器

Q/GDW 168　输变电设备状态检修试验规程

Q/GDW 13067～13069　国家电网有限公司物资采购标准　消弧线圈、接地变压器及成套装置卷

Q/GDW 13267、13071、13072　国家电网有限公司物资采购标准　小电阻接地成套装置卷

国家电网生〔2006〕51 号　消弧线圈装置技术改造指导意见

国家电网公司输变电设备技术管理规范〔2005〕《10kV～66kV 消弧线圈装置技术标准》

国家电网生〔2004〕61 号　预防 10kV～66kV 消弧线圈装置事故措施

IEEE Std C57.32-2015: IEEE Standard for Requirements, Terminology, and Test Procedures for Neutral Grounding Devices

3　资质信息

3.1　企业信息

3.1.1　※基本信息

查阅营业执照。

供应商为中华人民共和国境内依法注册的法人或其他组织。

3.1.2　法定代表人/负责人信息

查阅法定代表人/负责人身份证（或护照）。

3.1.3　财务信息

查阅审计报告、财务报表，其中审计报告为具有资质的第三方机构出具。

3.1.4　资信等级证明

查阅银行或专业评估机构出具的证明。

3.1.5　注册资本和股本结构

查阅验资报告。

3.2 报告证书

3.2.1 ※检测报告

查阅检测报告、送样样品生产过程记录以及其他支撑资料。

a) 检测报告出具机构为国家授权的专业检测机构或者国际专业权威机构。境内检测机构具有计量认证证书（CMA）及中国合格评定国家认可委员会颁发的实验室认可证书（CNAS），且证书附表检测范围涵盖所核实产品。境外机构出具的检测报告同时提供中文版本或经公证后的中文译本。

b) 10kV 消弧线圈接地变压器成套装置检测报告具备消弧线圈接地变压器成套装置的检测报告和消弧线圈本体、接地变压器、控制器的检测报告。

c) 35kV 消弧线圈接地变压器成套装置检测报告具备消弧线圈本体、接地变压器、控制器的检测报告。

d) 10kV～66kV 消弧线圈（含控制器）检测报告具备消弧线圈本体、控制器的检测报告。

e) 10kV～35kV 小电阻接地成套装置检测报告具备中性点接地电阻器、接地变压器的检测报告或小电阻接地成套装置检测报告（报告中应包括中性点接地电阻器和接地变压器的试验项目）。

f) 66kV 小电阻接地成套装置检测报告具备小电阻接地成套装置的检测报告或中性点接地电阻器的检测报告。

g) 检测产品类型与被核实的产品一致。

h) 国家标准、行业标准规定的检测报告有效期有差异的，以有效期短的为准；国家标准、行业标准均未明确检测报告有效期的，检测报告有效期按长期有效认定。

i) 消弧线圈成套装置、消弧线圈、接地变压器、控制器的试验项目符合 DL/T 1057 规定的型式试验项目的要求，具体试验项目应符合附录 A。

j) 小电阻接地成套装置的试验项目符合 DL/T 780、JB/T 10777 和 IEEE Std C57.32—2015 规定的型式试验项目要求、中性点接地电阻器的试验项目符合 DL/T 780 和 JB/T 10777 规定的型式试验项目要求、接地变压器试验项目应符合 GB/T 1094.1 和 GB/T 1094.6 规定的型式试验项目要求，具体试验项目应符合附录 A。

k) 当产品在设计、材料或制造工艺改变或者产品转厂生产或异地生产时，须重新进行相应的型式试验。

3.2.2 鉴定证书

查阅鉴定证书。

3.2.3 ※管理体系认证

查阅管理体系认证证书，具有质量管理体系证书，证书在有效期内，有定期年检记录且认证范围涵盖被核实产品。

3.3 产品业绩

查阅供货合同及相对应的合同销售发票。

a) 合同的供货方和实际产品的生产方均为供应商自身。

b) 出口业绩提供报关单、中文版本或经公证后的中文译本合同，业绩电压等级与国内不同时，往下取国内最接近的电压等级。

c) 不予统计的业绩有（不限于此）：

1) 与同类产品制造厂之间的业绩（2015 年以后国家电网有限公司变电站整站招标的除外）；

2) 作为元器件、组部件的业绩；

3) 供应商与经销商、代理商之间的业绩（出口业绩除外）。

4 设计研发能力

4.1 技术来源与支持

查阅与合作支持方的协议及设计文件图纸等相关信息。

4.2 设计研发内容

查阅产品研发的设计、试验、关键工艺技术、质量控制方面的情况。

4.3 设计研发人员

查阅设计研发部门的机构设置及人员信息。

4.4 设计研发工具

查阅实际研发设计工具等相关信息。

4.5 获得专利情况

查阅与产品相关的专利证书。

4.6 参与标准制（修）订情况

查阅主持或参与制（修）订并已发布的标准及相关证明材料信息。

4.7 产品获奖情况

查阅与产品相关的省部级及以上获奖证书的相关信息。

4.8 商业信誉

查阅企业相关国家、行业或第三方发布的综合实力、品牌等排名。

5 生产制造能力

5.1 ※生产厂房

查阅不动产权证书、土地使用权证、房屋产权证、厂房设计图纸、房屋租赁合同、用电客户编号等相关信息。

具有与产品相配套的厂房，厂房为自有或长期租赁，厂房面积、洁净程度能保证产品生产的需要。

5.2 ※生产工艺

5.2.1 工艺控制文件

查阅供应商提供的工艺控制文件、管理体系文件及工艺流程控制记录等相关资料。

各工序的作业指导书、工艺控制文件齐全、统一、规范，并与现行的生产工艺一致。

其工艺文件中所规定的关键技术要求和技术参数符合国家标准、电力行业标准、国家电网有限公司物资采购标准的要求。各工艺环节中无国家明令禁止的行为。

5.2.2 关键生产工艺控制

产品工艺技术成熟、稳定。从原材料/组部件到产品入库所规定的每道工序的工艺技术能保证产品生产的需要。具有完整的工艺控制文件（干式：线圈、环氧树脂真空浇注、固化、装配、试验等；油浸式：线圈、器身装配、干燥、试验等；控制器：屏柜组装、调试等）。各个工序按工艺文件执行，现场记录内容规范、详实，具有可追溯性。现场定置管理，有明显的标识牌，主要生产设备的操作规程图表上墙。66kV及以下消弧线圈和35kV及以下接地变压器由被核实供应商自行生产。

5.3 ※生产设备

查阅主要设备的现场实际情况及购买发票等相关信息。

a) 具有与产品生产相适应的设备，设备自有，不能租用、借用其他公司的设备，且使用情况良好。生产设备应符合附录B。

b) 设备使用正常，设备上的计量仪器仪表具有有效期内的检定证书或校准证书。

5.4 生产、技术、质量管理人员

查阅人力资源部门管理文件（如劳动合同、人员花名册、社保证明等），包括生产、技术、质量管理等人员数量。结合现场实际情况，观察现场人员的操作水平。

a) 具有生产需要的专职生产人员及技术人员。一线生产人员培训上岗，操作熟练。

b) 具有质量管理组织机构、质量管理部门及人员。

6 试验检测能力

6.1 ※试验场所

查看试验场所现场情况。

具有与试验产品相配套的试验大厅（场所），试验大厅（场所）符合试验要求。不能整体租用、借用其他公司的试验大厅（场所），或委托其他单位进行出厂试验。

6.2 ※试验检测管理

查阅相关的规章制度文件、过程记录及出厂试验报告等相关信息。

具有试验室管理制度、操作规程、试验标准，并在操作过程中严格按照规程执行。

6.3 ※试验检测设备

查阅设备的现场实际情况及购买发票等相关信息。

a) 具有全部出厂试验项目所需的设备，不能租用、借用其他公司的设备，或委托其他单位进行出厂试验。试验设备应符合附录C。

b) 设备使用正常，具有相应资格单位出具的有效期内的检定证书或校准证书。

6.4 ※试验检测人员

查阅人力资源部门管理文件（如劳动合同、人员花名册等）、人员资质证书及培训记录。

试验人员能独立完成试验，操作熟练，能理解并掌握相关国家标准、电力行业标准

和国家电网有限公司物资采购标准的有关规定，并具有一定的试验结果分析能力。高电压试验人员至少有 2 人，经过考核培训持证上岗。

6.5 ※现场抽样

6.5.1 抽查出厂试验报告及原始记录

现场抽查相近产品的 2 份出厂试验报告及原始记录，出厂试验报告及原始记录完整、正确，存档管理。

6.5.2 抽样检测

原则上现场应对与被核实产品相同或相近型式的产品进行抽样检验。样品应在供应商声明的合格产品中抽取，抽样检验项目一般在出厂试验项目中选取。抽样检验重点核实供应商试验方法、试验场地环境、人员操作能力、仪器设备有效性和产品性能等方面。

在已具备出厂条件的产品中抽取 1 台，选取出厂试验项目中的 2 个项目。

7 原材料/组部件管理

7.1 ※管理规章制度

查阅原材料/组部件管理规章制度。

a) 具有进厂检验制度，具有原材料/组部件管理制度。

b) 外购原材料（硅钢片、电磁线、环氧树脂、绝缘材料、绝缘油）、组部件（有载分接开关、套管、中性点接地电阻器或电阻元件）具有供应商筛选制度。

7.2 ※管理控制情况

查看原材料/组部件管理实际执行情况。

a) 设计选用的原材料/组部件符合国家标准或行业标准要求，采用的原材料/组部件无国家明令禁止的。

b) 按工艺文件所规定的技术要求和相应管理文件，根据生产计划采购。主要原材料/组部件供应商变更有相应的报告并在相关工艺文件中说明。

c) 按规定进行进厂检验，验收合格后入库，检测记录完整详实，并具有可追溯性。

d) 物资仓库有足够的存储空间和适宜的环境，实行定置管理，分类独立存放，标识清晰、正确、规范、合理。

e) 原材料/组部件使用现场记录内容规范、详实，并具有可追溯性。

8 数智制造

应用互联网和物联网技术，打造"透明工厂"，生产制造、试验检验、原材料/组部件管理等信息对买方公开，接入国家电网电工装备智慧物联平台。

加强数字基础设施建设，推动数字技术与先进制造技术融合发展。供应商相关业务数据、原材料/组部件检验数据、生产过程检验数据、出厂试验数据、成品信息数据和视频数据等支持自动采集或系统推送。数据接口需保障数据完整性、正确性、安全性，具有可扩展性、通信实时性等。

9 绿色发展

查看供应商资源能源消耗情况、战略体系、绿色认证及其他支撑材料，包括：

a) 相关油、水、气、煤及电力、热力等能源消耗，建立能源利用统计报表制度，分析生产经营环节能源利用情况。

b) 相关绿色工厂认证、绿色产品标识、绿色供应链管理等相关资质文件。

c) 将绿色发展理念融入战略体系中，并形成明确的绿色发展目标，制定详实且具有操作性的实施路径。

d) 建立、实施并保持支撑企业绿色低碳发展的绿色管理体系情况，包括但不限于能源管理体系、碳排放管理体系、能源计量管理体系等。

e) 使用无害原材料，禁止使用国家明令禁止的淘汰设备、工艺技术等，并应用国家鼓励的节能设备与先进工艺技术情况。

f) 建立完善的绿色采购管理制度，推广绿色包装材料应用，并建立系统的循环利用体系，实施绿色制造情况。

g) 生产环节的大气污染物排放、水体污染物排放、固体废弃物排放、噪声排放等基础排放符合相关国家标准及地方标准要求情况。

10 售后服务及产能

查阅管理文件、组织机构设置、人员档案及售后服务记录等相关信息。

产能情况通过现场实际情况及供应商提供的产能计算报告，根据产品生产的瓶颈进行判断。

产能瓶颈环节：线圈绕制能力，总装配能力，整机烘干能力（受制于干燥炉的数量及容纳能力），出厂试验能力（受制于出厂试验设备数量及人员操作熟练程度）。

本文件中所有核实内容都将对供应商参与招投标活动有重要影响，其中标记"※"的内容是以往招标必备项的要求，也是重点核实内容，其他未标记"※"的为一般核实内容。

附 录 A

检测报告包含试验项目

本附录为型式试验项目，带*的为例行试验项目。

A.1 成套装置

试验项目包含：

a) *系统电容电流测量及跟踪功能试验；

b) 电流调节试验；

c) 最大谐波电流输出值测量（2018 年 1 月 1 日之后出具的报告具备此项）；

d) 模拟单次单相接地故障试验；

e) 模拟间歇性单相接地故障试验。

A.2 消弧线圈

试验项目包含：

a) *绕组电阻测量；

b) *绝缘电阻测量（2018 年 1 月 1 日之后出具的报告具备此项）；

c) *电压比测量（适用于有二次绕组时）；

d) *电流测量；

e) *外施耐压试验/工频耐压试验（适用于全绝缘结构）；

f) *感应耐压试验；

g) 雷电冲击试验/线端雷电全波试验（LI）、线端雷电截波试验（LIC，2019 年 1 月 1 日之前出具报告的试验项目名称为雷电冲击试验）；

h) 温升试验；

i) 电压—电流特性曲线测量/线性度测量。

A.3 接地变压器

试验项目包含：

a) *绕组电阻测量；

b) *绝缘电阻测量（2018 年 1 月 1 日之后出具的报告具备此项）；

c) *电压比测量和联结组标号检定（适用于有二次绕组时）；

d) *零序阻抗测量；

e) *空载损耗和空载电流测量；

f) *外施耐压试验/工频耐压试验；

g) *感应耐压试验；

h) 雷电冲击试验/线端雷电全波试验（LI）、线端雷电截波试验（LIC）、中性点端子雷电全波试验（LIN，2019 年 1 月 1 日之前出具报告的试验项目名称为雷电冲击试验）；

i) *阻抗电压、短路损耗测量/短路阻抗和负载损耗测量（适用于有二次绕组时）；

j) 温升试验；

k) *绝缘油试验（适用于油浸式）；

l) 声级测量/声级测定；

m) *局部放电测量（适用于干式）。

A.4 控制器

试验项目包含：

a) *功能及性能试验；

b) 低温试验；

c) 高温试验；

d) 湿热试验；

e) 电源影响试验；

f) *绝缘性能试验；

g) 电磁兼容试验；

h) 机械性能试验；

i) *连续通电试验。

A.5 小电阻接地成套装置

试验项目包含：

中性点接地电阻器

a) *外观质量及结构检查；

b) 爬电距离测量；

c) *外施耐压试验；

d) *电阻值测量；

e) 雷电全波冲击试验（LI，2019 年 1 月 1 日之前出具报告的试验项目名称为：雷电冲击试验）；

f) 温升试验；

g) 外壳防护等级试验。

配套接地变压器

参照 A.3 接地变压器所列项目。

附 录 B
主 要 生 产 设 备

主要生产设备包含：

a)　干式消弧线圈、接地变压器及成套装置主要生产设备包括绕线机、真空浇注系统、干燥设备；

b)　油浸式消弧线圈、接地变压器及成套装置主要生产设备包括绕线机、干燥设备。

附 录 C
试 验 设 备

本附录中带*的为主要试验设备。

试验设备包含：

a) *试验变压器；

b) *冲击电压发生器（消弧线圈成套装置、消弧线圈具备）；

c) *直流电阻测试仪；

d) *绝缘电阻测试仪；

e) *局部放电测试仪（干式具备）；

f) *绝缘油试验设备（油浸式具备）；

g) 中间变压器；

h) 调压器；

i) 电压互感器；

j) 电流互感器；

k) 电容补偿装置；

l) 功率分析仪；

m) 标准分压器。

40.5kV 及以上组合电器供应商资质能力信息核实规范

目　　次

40.5kV 及以上组合电器供应商资质能力信息核实规范

1 范围

本文件规定了国家电网有限公司对组合电器产品供应商的资质条件及制造能力信息进行核实的依据。

本文件适用于国家电网有限公司组合电器产品供应商的信息核实工作。包括：

a) 1100kV GIS；

b) 1100kV HGIS；

c) 1100kV GIL；

d) 800kV GIS；

e) 800kV HGIS；

f) 800kV GIL；

g) 550kV GIS；

h) 550kV HGIS；

i) 550kV GIL；

j) 363kV GIS；

k) 363kV HGIS；

l) 363kV GIL；

m) 252kV GIS；

n) 252kV HGIS；

o) 252kV GIL；

p) 126kV GIS；

q) 126kV HGIS；

r) 72.5kV GIS；

s) 72.5kV HGIS；

t) 40.5kV GIS；

u) 40.5kV HGIS；

v) 126kV 开关设备成套装置。

2 规范性引用文件

下列文件中的内容通过文中的规范性引用而构成本文件必不可少的条款。其中，注日期的引用文件，仅该日期对应的版本适用于本文件；不注日期的引用文件，其最新版本（包括所有的修改单）适用于本文件。

GB 1984　高压交流断路器

GB 1985　高压交流隔离开关和接地开关

GB 7674　72.5kV 及以上气体绝缘金属封闭开关设备

GB/T 11022　高压开关设备和控制设备标准的共有技术要求

GB/T 22383　额定电压 72.5kV 及以上刚性气体绝缘输电线路

GB 50150　电气装置安装工程　电气设备交接试验标准

DL/T 402　交流高压断路器

DL/T 486　交流高压隔离开关和接地开关订货技术条件

DL/T 593　高压开关设备和控制设备标准的共用技术要求

DL/T 617　气体绝缘金属封闭开关设备技术条件

DL/T 978　气体绝缘金属封闭输电线路技术条件

Q/GDW 11753　直流换流站用额定电压 550kV 及以上交流滤波器小组断路器

Q/GDW 11955　1100kV 气体绝缘金属封闭输电线路（GIL）技术规范

Q/GDW 13096　72.5kV 气体绝缘金属封闭开关设备采购标准

Q/GDW 13097　126kV～550kV 气体绝缘金属封闭开关设备采购标准

Q/GDW 13098　800kV 气体绝缘金属封闭开关设备采购标准

3　资质信息

3.1　企业信息

3.1.1　※基本信息

查阅营业执照。

供应商为中华人民共和国境内依法注册的法人或其他组织。

3.1.2　法定代表人/负责人信息

查阅法定代表人/负责人身份证（或护照）。

3.1.3　财务信息

查阅审计报告、财务报表，其中审计报告为具有资质的第三方机构出具。

3.1.4　资信等级证明

查阅银行或专业评估机构出具的证明。

3.1.5　注册资本和股本结构

查阅验资报告。

3.2　※报告证书

3.2.1　检测报告

查阅检测报告、送样样品生产过程记录以及其他支撑资料。

a)　检测报告出具机构为国家授权的专业检测机构或者国际专业权威机构。境内检验机构具有计量认证证书（CMA）及中国合格评定国家认可委员会颁发的实验室认可证书（CNAS），且证书附表检测范围涵盖所核实产品。境外机构出具的检测报告同时提供中文版本或经公证后的中文译本。

b) 检测报告的委托方和产品制造方是供应商自身。

c) 检测试验产品型号与被核实的产品相一致。

d) 产品的检测报告符合相应的国家标准、行业标准、国家电网有限公司物资采购标准规定的型式试验项目和试验数值的要求。检测报告项目应符合附录 A、D、G。

e) 当产品在设计、工艺、生产条件或所使用的材料、主要元部件做重要改变或者产品转厂生产或异地生产时，重新进行相应的检测试验。试验项目及技术要求详见各产品标准的有关规定。试验项目应符合附录 B、E、H。

3.2.2 管理体系认证

查阅管理体系认证证书，具有质量管理体系证书，证书在有效期内，有定期年检记录且认证范围涵盖被核实产品。

3.3 产品业绩

查阅供货合同及相对应的发票。

a) 合同的供货方和实际产品的生产方均为供应商自身。

b) 不同电压等级的产品业绩不可相互替代。

c) 出口业绩提供报关单、中文版本或经公证后的中文译本合同，业绩电压等级与国内不同时，往下取国内最接近的电压等级。

d) 不予统计的业绩有（不限于此）：

　　1) 与同类产品制造厂之间的业绩（2015 年以后国家电网有限公司变电站整站招标的除外）；

　　2) 作为元器件、组部件的业绩；

　　3) 与经销商、代理商之间的业绩（出口业绩除外）。

4 设计研发能力

4.1 技术来源与支持

查阅与合作支持方的协议及设计文件图纸等相关信息。

4.2 设计研发内容

查阅新产品的设计研发能力；新材料的试验研发能力；关键工艺技术、质量控制方面的试验研发能力。

4.3 设计研发人员

查阅设计研发部门的机构设置及人员信息。

4.4 设计研发工具

查阅设计研发工具。

4.5 获得专利情况

查阅专利证书。

4.6 参与标准制（修）订情况

查阅参与制定并已颁布的标准等证明材料信息。

4.7 产品获奖情况

查阅与产品相关的省部级及以上获奖证书的相关信息。

4.8 参与的重大项目

查阅参与的国家级重大项目的相关信息。

4.9 商业信誉

查阅企业相关国家、行业或第三方发布的综合实力、品牌等排名。

5 生产制造能力

5.1 ※生产厂房

查阅现场实际情况、土地使用权证/土地租赁凭证、房屋产权证/房屋租赁凭证、管理规章制度、车间洁净度（提供具备检定资质的第三方机构出具的洁净度等级检定报告）、用电客户编号等相关信息。

具有生产、装配、试验要求的厂房，具有分装和总装车间，厂房面积满足生产需要。灭弧室、绝缘子净化装配（30万级及以下）、总装配车间（100万级）满足温度、湿度和洁净度要求，并有措施保障装配车间的环境条件，有相关检测设备和记录。

5.2 ※生产工艺

5.2.1 工艺控制文件

查阅工艺控制文件、管理体系文件及工艺流程控制记录等相关资料。

各工序的作业指导书、工艺控制文件应齐全、统一、规范。完整的工艺控制文件包括产品原材料/组部件质量重要度分级、外购外协件清单及检测标准、生产工序流程、过程控制工艺卡、产品质量检验标准、生产操作手册、安装使用说明书等。其工艺文件中所规定的关键技术要求和技术参数不低于国家标准、电力行业标准、国家电网公司企业标准和物资采购标准和产品设计及技术条件的要求。各工艺环节中无国家明令禁止的行为。

5.2.2 关键生产工艺控制

产品工艺技术成熟、稳定。从原材料、组部件到产品入库所规定的每道工序的工艺技术能保证产品生产的需要。生产产品的各个工序按工艺控制文件执行，现场记录内容规范、详实，具有可追溯性。现场定置管理，有明显的标识牌，主要生产设备的操作规程图表上墙。

5.3 ※生产设备

查阅设备的现场实际情况及购买发票等相关信息（部分老旧设备可以提供设备台账）。

    a) 具有与产品生产相适应的设备，不能租用或借用。主要生产设备具有：起吊装置、气体回收装置、真空泵、满足相应洁净度等级要求的除尘通风系统、烘干箱、叉车等装备。

b) 设备使用正常，设备上的计量仪器仪表具有合格的检定或校准证书，并在有效期内。

5.4 生产、技术、质量管理人员

查阅人力资源部门管理文件（如劳动合同、人员花名册等），包括生产、技术、质量管理等人员数量，观察现场人员的操作水平或结合现场实际情况和生产流程控制记录进行判断。

a) 具有生产需要的专职生产及技术人员，不得借用其他公司的。各个生产环节的员工熟悉所负责的生产环节和质量控制要求，熟练操作设备、工装器具，并定期培训。

b) 具有质量管理组织机构、质量管理部门及人员。

6 试验检测能力

6.1 ※试验场所

查看试验场所现场情况。

具有独立的试验区域，试验场所环境满足试验要求。

6.2 ※试验检测管理

查阅相关的规章制度文件、过程记录及试验报告等相关信息。

具有试验室管理制度、操作规程、试验标准及完整的试验原始记录，并在操作过程中严格按照规程执行。

6.3 ※试验检测设备

查阅设备的现场实际情况及购买发票、检定证书等相关信息。

a) 具有外购外协件检测设备及出厂试验所需的试验设备，具备完成全部出厂试验的能力。不能租用、借用其他公司的设备，或委托其他单位进行出厂试验。主要试验设备具有：交流耐压试验装置、二次回路工频耐压试验装置、局部放电检测仪、回路电阻测试仪、机械特性测试仪、微水检测仪、SF_6 气体检漏仪、伏安特性测试仪、金属及非金属材料无损探伤设备（如 X 射线探伤仪或超声波探伤仪）、套管探伤装置、雷电冲击耐压设备（252kV 及以上具备）等。

b) 设备使用正常，设备上的计量仪器仪表具有合格的检定或校准证书，并在有效期内。

6.4 ※试验检测人员

查阅人力资源部门管理文件（如劳动合同、人员花名册等）、人员资质证书、培训记录及现场试验能力。

试验人员不能借用其他公司的，高电压试验人员至少有 2 人，试验人员经过考核培训持证上岗。试验人员能熟练操作试验设备和仪器仪表，并掌握试验方法、熟悉产品标准，能熟练和准确判断试验结果是否满足产品标准要求，具有一定的试验结果分析能力。

6.5 ※现场抽样

6.5.1 抽查出厂试验报告

现场随机抽查至少两份被核实产品的出厂试验报告及对应的试验原始记录，查看内容是否规范完整、项目齐全。试验项目应符合附录 C、F、I。

6.5.2 抽样检测

原则上现场应对与被核实产品相同或相近型式的产品进行抽样检验。样品应在供应商声明的合格产品中抽取，抽样检验项目一般在出厂试验项目中选取。抽样检验重点核实供应商试验方法、试验场地环境、人员操作能力、仪器设备有效性和产品性能等方面。

现场对被核实产品进行抽样，对抽样产品进行至少 2 项出厂试验项目。

7 原材料/组部件管理

7.1 ※原材料/组部件管理制度及执行情况

查验现场情况、管理规章制度、检查实际执行记录等相关信息。

a) 具有原材料/组部件管理制度、原材料进厂检验制度，并严格执行，记录明确。

b) 外购原材料/组部件有较为严格的供应商筛选制度，或与行业内较优秀的组部件供应商建立长期合作关系，外购原材料/组部件生产厂家应通过质量管理体系认证。

c) 对原材料/组部件按产品质量重要度分级进行检验，检验方式（抽检或普检）满足国家标准或行业标准要求。检验结果应符合产品设计图纸及技术条件的要求。

d) 原材料/组部件有相对独立的存放区域和适宜的环境，定置管理，标识清晰、正确、规范、合理。

e) 原材料/组部件使用现场记录内容规范、详实，并具有可追溯性。

7.2 ※现场抽查

查验原材料/组部件管理规程、设计图纸、采购合同等相关信息。

所采用的原材料/组部件不能有国家明令禁止的或国家电网有限公司不允许采用的。

现场随机抽查 3 种关键的组部件（如操动机构、壳体、避雷器、互感器、盆式绝缘子、隔离开关、绝缘拉杆、接地开关、密度计等），查看关键组部件的采购合同、质量保证书、出厂检测报告、组部件供应商资质文件、入厂检测记录、组部件管理文件等是否齐全，并查看关键组部件的存放环境。

8 数智制造

应用互联网和物联网技术，打造"透明工厂"，生产制造、试验检验、原材料/组部件管理等信息对买方公开，接入国家电网电工装备智慧物联平台，包括：

a) 加强数字基础设施建设，推动数字技术与先进制造技术融合发展。供应商相关业务数据、原材料/组部件检验数据、生产过程检验数据、出厂试验数据、成品信息数据和视频数据等支持自动采集或系统推送。数据接口需保障数据完整性、正确性、安全性，具有可扩展性、通信实时性等。

b) 具有原材料/组部件数据及检验数据接入条件，从原材料采购直至原材料检验入库过程中关键工艺主要包括绝缘操作杆、断路器弧触头、断路器喷口、操动机构、盆式绝缘子/支持绝缘子、伸缩节、汇控柜 7 项。

c) 具有工艺控制数据及检测数据接入条件，生产工艺流程中从生产开始直至整机装配完毕过程中关键工艺主要包括烘干间温度（如有）、内装间温度、内装间湿度、内装间洁净度、外装间温度、外装间湿度、外装间洁净度 7 项。

d) 具有出厂试验数据接入条件，从试验直至包装入箱过程中关键试验流程包括机械特性试验、雷电冲击试验（如有）、工频耐压、局部放电 4 项。

e) 具有视频接入条件，设备视频数据采集应包括主部件内装、主部件外装、机械特性试验过程、雷电冲击试验过程（如有）、工频耐受电压试验过程、局部放电试验过程 6 个区域。

9　绿色发展

查看供应商资源能源消耗情况、战略体系、绿色认证及其他支撑材料，包括：

a) 相关油、水、气、煤及电力、热力等能源消耗，建立能源利用统计报表制度，分析生产经营环节能源利用情况。

b) 相关绿色工厂认证、绿色产品标识、绿色供应链管理等相关资质文件。

c) 将绿色发展理念融入战略体系中，并形成明确的绿色发展目标，制定详实且具有操作性的实施路径。

d) 建立、实施并保持支撑企业绿色低碳发展的绿色管理体系情况，包括但不限于能源管理体系、碳排放管理体系、能源计量管理体系等。

e) 使用无害原材料，禁止使用国家明令禁止的淘汰设备、工艺技术等，并应用国家鼓励的节能设备与先进工艺技术情况。

f) 建立完善的绿色采购管理制度，推广绿色包装材料应用，并建立系统的循环利用体系，实施绿色制造情况。

g) 生产环节的大气污染物排放、水体污染物排放、固体废弃物排放、噪声排放等基础排放符合相关国家标准及地方标准要求情况。

10　售后服务及产能

查阅管理文件、组织机构设置、人员档案及售后服务记录等相关信息。

产能通过现场实际情况及供应商提供的产能计算报告，根据产品生产的瓶颈进行判断。

本文件中所有核实内容都将对供应商参与招投标活动有重要影响，其中标记"※"的内容是以往招标必备项的要求，也是重点核实内容，其他未标记"※"的为一般核实内容。

附 录 A
气体绝缘封闭式组合电器的检测试验项目

试验项目包含：

a) 防护等级检查；

b) 回路电阻测量；

c) 温升试验；

d) 机械特性和机械操作试验；

e) 机械寿命试验；

f) 密封试验；

g) 气体水分含量测定；

h) 端子静态负荷试验（或提供计算书）（出线套管适用）；

i) 辅助和控制回路的绝缘试验；

j) 局部放电试验；

k) 绝缘试验；

l) 无线电干扰电压试验（126kV 及以上适用）；

m) 出线端短路开断关合能力试验；

n) 额定短路开断电流开断次数试验；

o) 近区故障开断能力试验；

p) 异相接地故障开断能力试验（仅限于 126kV 及以下产品）；

q) 失步开断关合能力试验 OP1－OP2（联络断路器适用）；

r) 线路充电电流开合试验方式 LC1－LC2；

s) 电缆充电电流开合试验方式 CC1－CC2（40.5kV～550kV 产品适用）；

t) 隔离开关开合母线转换电流试验；

u) 隔离开关开合母线充电电流试验；

v) 接地开关关合额定短路关合电流试验；

w) 接地开关开合感应电流试验（适用时强制）；

x) 短时耐受电流和峰值耐受电流试验；

y) 噪声测量；

z) 内部电弧试验（或提供计算书）；

aa) 充气隔室外壳压力试验；

ab) 绝缘隔板压力和密封试验；

ac) 构成 GIS 的其他主要元件按各自的标准进行相应的型式试验。

附 录 B
气体绝缘封闭式组合电器性能验证试验项目

试验项目包含：

a) 温升试验（1.1 倍额定电流）；

b) 常温下的机械操作试验（针对断路器）；

c) 机械寿命试验（针对隔离开关和接地开关）；

d) 短时工频耐受电压试验和局部放电试验；

e) 基本短路方式（T100s）试验；

f) 短时耐受电流和峰值耐受电流试验；

g) 构成 GIS 的其他主要元件应按各自的标准要求进行性能验证试验。

附 录 C
气体绝缘封闭式组合电器出厂试验项目

试验项目包含：

a) 工频耐压试验；

b) 二次回路工频耐压试验；

c) 局部放电检测；

d) 回路电阻测试；

e) 机械操作和机械特性试验；

f) SF_6 水分含量检测；

g) 密封试验；

h) 伏安特性测试；

i) 雷电冲击耐压试验（适用于 220kV 及以上）；

j) 组合电器其他主要元器件按各自的标准进行相应的出厂试验（组部件外购，则可以提供组部件供应商的型式试验报告）。

附　录　D

气体绝缘封闭式管母线（GIL）的检测试验项目

试验项目包含：

a)　防护等级检查；

b)　回路电阻测量；

c)　温升试验；

d)　密封试验；

e)　气体水分含量测定；

f)　辅助和控制回路的绝缘试验；

g)　局部放电试验；

h)　绝缘试验；

i)　额定短时耐受电流和峰值耐受电流试验；

j)　外壳验证试验；

k)　隔板的压力试验；

l)　内部故障电弧试验；

m)　滑动触头的机械试验；

n)　伸缩节的循环寿命试验；

o)　气候防护试验。

附　录　E
气体绝缘封闭式管母线（GIL）性能验证试验项目

试验项目包含：

a)　温升试验（1.1 倍额定电流）；

b)　短时耐受电流和峰值耐受电流试验；

c)　构成 GIS 的其他主要元件应按各自的标准要求进行性能验证试验。

附 录 F
气体绝缘封闭式管母线（GIL）出厂试验项目

试验项目包含：

a） 工频耐压试验；

b） 二次回路工频耐压试验；

c） 局部放电检测；

d） 雷电冲击试验；

e） 回路电阻测试；

f） SF_6 水分含量检测；

g） 密封试验；

h） 隔板压力试验；

i） 外壳强度试验测试。

附 录 G
126kV 开关设备成套装置的检测试验项目

试验项目包含：

a) 防护等级检查；

b) 回路电阻测量；

c) 温升试验；

d) 机械特性和机械操作试验；

e) 机械寿命试验；

f) 密封试验；

g) 气体水分含量测定；

h) 端子静态负荷试验（或提供计算书，出线套管适用）；

i) 辅助和控制回路的绝缘试验；

j) 局部放电试验；

k) 绝缘试验；

l) 无线电干扰电压试验（126kV 及以上适用）；

m) 短时耐受电流和峰值耐受电流试验；

n) 容性电流开合试验；

o) 噪声测量；

p) 内部电弧试验（或提供计算书）：

q) 充气隔室外壳压力试验；

r) 绝缘隔板压力和密封试验；

s) 其他主要元件按各自的标准进行相应的型式试验。

附 录 H

126kV 开关设备成套装置性能验证试验项目

试验项目包含：

a) 温升试验（1.1 倍额定电流）；

b) 常温下的机械操作试验（针对断路器）；

c) 机械寿命试验（针对隔离开关和接地开关）；

d) 短时工频耐受电压试验和局部放电试验；

e) 短时耐受电流和峰值耐受电流试验；

f) 其他主要元件应按各自的标准要求进行性能验证试验。

附　录　I
126kV 开关设备成套装置出厂试验项目

试验项目包含：

a）工频耐压试验；

b）二次回路工频耐压试验；

c）局部放电检测；

d）回路电阻测试；

e）机械操作和机械特性试验；

f）SF$_6$水分含量检测；

g）密封试验；

h）伏安特性测试；

i）雷电冲击耐压试验（适用于 220kV 及以上）；

j）其他主要元器件按各自的标准进行相应的出厂试验（组部件外购，则可以提供组部件供应商的型式试验报告）。

12kV～40.5kV 高压开关柜供应商资质能力信息核实规范

目　　次

12kV～40.5kV 高压开关柜供应商资质能力信息核实规范

1 范围

本文件规定了国家电网有限公司对开关柜产品供应商的资质条件及制造能力信息进行核实的依据。

本文件适用于国家电网有限公司 12kV～40.5kV 高压开关柜产品供应商的信息核实工作。包括：

a) 12kV 固封式真空断路器高压开关柜（总部集中招标）；

b) 12kV SF_6 断路器高压开关柜；

c) 12kV 充气式高压开关柜；

d) 24kV 固封式真空断路器高压开关柜；

e) 24kV 充气式高压开关柜；

f) 40.5kV 固封式真空断路器高压开关柜；

g) 40.5kV SF_6 断路器高压开关柜；

h) 40.5kV 充气式高压开关柜。

2 规范性引用文件

下列文件中的内容通过文中的规范性引用而构成本文件必不可少的条款。其中，注日期的引用文件，仅该日期对应的版本适用于本文件；不注日期的引用文件，其最新版本（包括所有的修改单）适用于本文件。

GB/T 3906 3.6kV～40.5kV 交流金属封闭开关设备和控制设备

GB/T 11022 高压开关设备和控制设备标准的共用技术要求

DL/T 402 高压交流断路器

DL/T 404 3.6kV～40.5kV 交流金属封闭开关设备和控制设备

DL/T 486 高压交流隔离开关和接地开关

DL/T 593 高压开关设备和控制设备标准的共用技术要求

3 资质信息

3.1 企业信息

3.1.1 ※基本信息

查阅营业执照。

供应商为中华人民共和国境内依法注册的法人或其他组织。

3.1.2 法定代表人/负责人信息

查阅法定代表人/负责人身份证（或护照）。

3.1.3 财务信息

查阅审计报告、财务报表，其中审计报告为具有资质的第三方机构出具。

3.1.4 资信等级证明

查阅银行或专业评估机构出具的证明。

3.1.5 注册资本和股本结构

查阅验资报告。

3.2 报告证书

3.2.1 ※检测报告

查阅检测报告、送样样品生产过程记录以及其他支撑资料。具体要求如下：

a) 检测报告出具机构为国家授权的专业检测机构或者国际专业权威机构。境内检验机构具有计量认证证书（CMA）及中国合格评定国家认可委员会颁发的实验室认可证书（CNAS），且证书附表检测范围涵盖所核实产品。境外机构出具的检测报告同时提供中文版本或经公证后的中文译本。

b) 具有开关柜本体型式试验报告和配套断路器型式试验报告。若开关柜本体型式试验报告中包含了配套断路器型式试验的全部项目并满足断路器型式试验要求，可不提供配套断路器型式试验报告。

c) 除 SF_6 断路器高压开关柜配套的断路器可以外购外，其他高压开关柜配套的断路器均为供应商自主制造。

d) 型式试验报告的委托方和产品制造方是供应商自身，若配套 SF_6 断路器外购，则配套断路器型式试验报告的委托方和制造方可以为相应的断路器制造厂家的名称。

e) 开关柜和配套断路器型式试验产品型号及规格与被核实的产品相一致。

f) 型式试验报告符合相应的国家标准、行业标准、国家电网有限公司物资采购标准规定的试验项目和试验数值的要求，试验报告项目应符合附录 A。

g) 各类检测报告均系针对具体型式规格产品的检测报告。

h) 相同型号的产品，当产品在设计、工艺、生产条件或所使用的材料、主要元部件做重要改变时，或者产品转厂生产或异地生产时，应重新进行相应的型式试验。

i) 断路器投切电容器组试验，可以使用断路器或开关柜进行型式试验。如使用断路器进行型式试验，则进行试验的断路器与开关柜中所配断路器为同一规格型号、同一生产厂家，且真空灭弧室的规格型号及制造厂家与断路器型式试验其他项目用真空灭弧室也相同。

j) 国家标准、行业标准规定的检测报告有效期有差异的，以有效期短的为准；国家标准、行业标准均未明确检测报告有效期的，检测报告有效期按长期有效认定。

3.2.2 ※管理体系认证

查阅管理体系认证证书，具有质量管理体系证书，证书在有效期内，有定期年检记录且认证范围涵盖被核实产品。

3.3 产品业绩

查阅供货合同及相对应的合同销售发票。具体要求如下：

a) 合同的供货方和实际产品的生产方均为供应商自身。

b) 出口业绩提供报关单，出口业绩同时提供中文版本或经公证后的中文译本合同，业绩电压等级与国内不同时，往下取国内最接近的电压等级。

c) 不予统计的业绩有（不限于此）：

1) 与同类产品制造厂之间的业绩（2015 年以后国家电网有限公司变电站整站招标的除外）；

2) 作为元器件、组部件的业绩；

3) 不包含断路器的产品（如 TV 柜、隔离柜）；

4) 与经销商、代理商之间的业绩（出口业绩除外）。

4 设计研发能力

4.1 技术来源与支持

查阅与合作支持方的协议及设计文件图纸等相关信息。

4.2 设计研发内容

查阅产品研发的设计、试验、关键工艺技术、质量控制方面的情况。

4.3 设计研发人员

查阅设计研发部门的机构设置及人员信息。

4.4 设计研发工具

查阅实际研发设计工具等相关信息。

4.5 获得专利情况

查阅与产品相关的专利证书。

4.6 参与标准制（修）订情况

查阅主持或参与制（修）订并已发布的标准及相关证明材料信息。

4.7 产品获奖情况

查阅与产品相关的省部级及以上获奖证书的相关信息。

4.8 商业信誉

查阅企业相关国家、行业或第三方发布的综合实力、品牌等排名。

5 生产制造能力

5.1 ※生产厂房

供应商具备开关柜生产能力，且固封式真空断路器由供应商自主制造，生产装备及车间符合产品生产制造能力要求。

查阅不动产权证书、房屋产权证、厂房设计图纸、用电客户编号等相关信息。

具有与产品生产相配套的厂房，厂房若为租用则需有长期租用合同。其厂房面积、生产环境和工艺布局满足生产需要，从原材料组部件存放、生产装配、检验到产品入库的每道工序场地合理布局满足工艺文件规定，能保证被核实产品的生产。若生产充气式高压开关柜，具备相应洁净等级的净化车间。

5.2 ※生产工艺

5.2.1 工艺控制文件

各工序的作业指导书、工艺控制文件齐全、统一、规范。其工艺文件中所规定的关键技术要求和技术参数不低于国家标准、电力行业标准、国家电网有限公司企业标准和物资采购标准的规定。

完整的工艺文件至少包括外购外协件清单及检测规范、生产工序流程、过程控制工艺卡、产品出厂检验规范、设备操作手册、安装使用说明书等。

5.2.2 关键生产工艺控制

产品工艺从原材料、组部件进厂检验、生产装配、出厂检验到产品入库所规定的每道工序的工艺技术能保证产品生产的需要。生产产品的各个工序按工艺文件执行，现场记录内容规范、详实，并具有可追溯性。现场定置管理，有明显的标识牌，主要生产设备的操作规程图表上墙。

5.3 ※生产设备

查阅设备的现场实际情况及购买发票等相关信息。具体要求如下：

a) 具有与产品生产相适应的装备，不能租用或借用。主要生产装备包括：

1) 数控冲、剪、折弯功能的钣金加工设备。对于集团性企业，母子公司或兄弟公司之间，如果其他公司具备上述钣金加工设备，为了避免重复投资，则相关开关柜产品的生产厂家可以不再购买相关数控设备。但须和该公司签订长期的钣金加工外委合同作为唯一的供货来源，并且加强质量管控和钣金入厂检测及验收管理。

2) 起吊装置（可随厂房整体租用）、转运设备。

3) 生产 SF_6 断路器高压开关柜和充气式高压开关柜，具备真空泵，如果绝缘介质为非环保气体，具备气体回收装置。

4) 生产固封式真空断路器高压开关柜具备断路器生产线和机械磨合试验台，或具备机械磨合功能的断路器生产线。

b) 设备使用正常，设备上的仪器仪表具有合格的检定或校准证书，并在有效期内。建立设备管理档案（包括使用说明、台账、保养维护记录等），其维修保养等记录规范、详实，具有可追溯性。

5.4 生产、技术、质量管理人员

查阅人力资源部门管理文件（如劳动合同、人员花名册等），包括生产、技术、质量管理等人员数量，观察现场人员的操作水平或结合现场实际情况和生产流程控制记录进行判断。具体要求如下：

a) 具有生产需要的专职生产、技术人员，其中有中高级职称的技术人员，且不得借用其他公司的。一线生产人员培训上岗，操作熟练。

b) 具有质量管理组织机构、质量管理部门及人员。

6 试验检测能力

6.1 ※试验场所

查看试验场所现场情况。

具有与核实产品相配套的试验场所，试验场所环境满足试验要求。

6.2 ※试验检测管理

查阅相关的规章制度文件、过程记录及出厂试验报告等相关信息。具体要求如下：

a) 具有试验室管理制度、操作规程、试验标准，并在操作过程中严格按照规程执行。

b) 出厂试验报告记录完整、正确，存档管理。

6.3 ※试验检测设备

查阅设备的现场实际情况及购买发票等相关信息。具体要求如下：

a) 设备齐全，满足国家标准、电力行业标准、国家电网有限公司物资采购标准所规定的出厂试验检测要求，不能委托其他单位进行。试验检测设备包括：工频耐压试验装置、二次回路工频耐压试验装置、回路电阻测试仪、机械特性测试仪、微水检测仪（SF_6断路器高压开关柜和充气式高压开关柜适用）、SF_6气体检漏仪或氦质谱检漏仪（SF_6断路器高压开关柜和充气式高压开关柜适用）。

b) 设备使用正常，具有检定或校准报告，并在合格有效期内。建立设备管理档案（包括使用说明、台账、保养维护记录等），其维修保养等记录规范详实，具有可追溯性。强检计量仪器、设备具有相应资格单位出具的有效检定、校准证书。

6.4 ※试验检测人员

查阅人力资源部门管理文件（如劳动合同、人员花名册等）、人员资质证书及培训记录。

试验人员能独立完成入厂、过程及出厂检验，操作熟练，能理解或掌握相关国家标准、电力行业标准和国家电网有限公司物资采购标准的有关规定，并具有一定的试验结果分析能力，经过考核培训，持证上岗。高电压试验人员至少有2人，经过考核培训持证上岗。

6.5 ※现场抽样

原则上现场应对与被核实产品相同或相近型式的产品进行抽样检验。样品应在供应商声明的合格产品中抽取，抽样检验项目一般在出厂试验项目中选取。抽样检验重点核实供应商试验方法、试验场地环境、人员操作能力、仪器设备有效性和产品性能等方面。

现场抽样应符合以下要求：

a) 现场抽查至少两份出厂试验报告，报告规范完整、项目齐全，检测结果满足相关标准要求。

b) 现场抽检两项出厂试验项目，试验项目应符合附录 B。试验设备、试验方法及检测结果满足相关标准要求。

7 原材料/组部件管理

7.1 ※管理规章制度

查阅原材料/组部件管理规章制度。具体要求如下：

a) 具有进厂检验制度及其他原材料/组部件管理制度。

b) 具有主要原材料/组部件供应商筛选制度，外购原材料/组部件生产厂家通过质量管理体系认证。

7.2 ※管理控制情况

查看原材料/组部件管理实际执行情况。具体要求如下：

a) 设计采用的原材料/组部件不能有国家明令禁止的。

b) 按工艺文件所规定的技术要求和相应管理文件，根据生产计划采购。主要原材料/组部件供应商变更有相应的报告，并在相关工艺文件中说明。

c) 按管理体系文件规定进行进厂检验，检验合格后入库。

d) 分类独立存放，物资仓库有足够的存储空间和适宜的环境，实行定置管理，标识清晰、正确、规范、合理。

e) 原材料/组部件管理制度严格执行，且原材料/组部件使用现场记录内容规范、详实，具有可追溯性。

7.3 ※现场抽查

现场抽查应符合以下要求：

a) 查验原材料/组部件管理规程、设计图纸、采购合同等相关信息。

b) 所采用的原材料/组部件不能有国家明令禁止的或国家电网有限公司不允许采用的。

c) 现场随机抽查 3 种关键的原材料/组部件（如操动机构、避雷器、互感器、隔离开关、触头盒、支持绝缘子、绝缘拉杆、接地开关、母线等），查看关键原材料/组部件的采购合同、质量保证书、出厂检测报告、组部件供应商资质文件、入厂检测记录、组部件管理文件等是否齐全，并查看关键原材料/组部件的存放环境。

8 数智制造

应用互联网和物联网技术，打造"透明工厂"，生产制造、试验检验、原材料/组部件管理等信息对买方公开，接入国家电网电工装备智慧物联平台。

加强数字基础设施建设，推动数字技术与先进制造技术融合发展。供应商相关业务数据、原材料/组部件检验数据、生产过程检验数据、出厂试验数据、成品信息数据和视频数据等支持自动采集或系统推送。数据接口需保障数据完整性、正确性、安全性，具有可扩展性、通信实时性等。

9 绿色发展

查看供应商资源能源消耗情况、战略体系、绿色认证及其他支撑材料，包括：

a) 相关油、水、气、煤及电力、热力等能源消耗，建立能源利用统计报表制度，分析生产经营环节能源利用情况。

b) 相关绿色工厂认证、绿色产品标识、绿色供应链管理等相关资质文件。

c) 将绿色发展理念融入战略体系中，并形成明确的绿色发展目标，并制定详实，且具有操作性的实施路径。

d) 建立、实施并保持支撑企业绿色低碳发展的绿色管理体系情况，包括但不限于能源管理体系、碳排放管理体系、能源计量管理体系等。

e) 使用无害原材料、禁止使用国家命令禁止的淘汰设备、工艺技术等，并应用国家鼓励的节能设备与先进工艺技术情况。

f) 建立完善的绿色采购管理制度，推行绿色包装材料应用，并建立系统的循环利用体系，实施绿色制造情况。

g) 生产环节的大气污染物排放、水体污染物排放、固体废弃物排放、噪声排放等基础排放符合相关国家标准及地方标准要求情况。

10 售后服务及产能

查阅管理文件、组织机构设置、人员档案及售后服务记录等相关信息。

产能情况通过现场实际情况及供应商提供的产能计算报告，根据产品生产的瓶颈进行判断，产能计算公式应符合附录 C。

本文件中所有核实内容都将对供应商参与招投标活动有重要影响，其中标记"※"的内容是以往招标必备项的要求，也是重点核实内容，其他未标记"※"的为一般核实内容。

附 录 A
开关柜型式试验项目

A.1 开关柜本体型式试验项目

A.1.1 强制性的型式试验

开关柜强制性的型式试验项目如下：

a) ※绝缘试验，按照 GB/T 11022 和 GB/T 3906 的规定执行：

   1) 12kV 开关柜：

     工频电压试验（相间及对地：42kV，1min；断路器断口：48kV/42kV，1min；隔离断口：48kV，1min，当隔离断口间有金属活门时为 42kV，1min）；

     雷电冲击电压试验（相间及对地：75kV；断路器断口：85kV/75kV；隔离断口：85kV，当隔离断口间有金属活门时为 75kV）。

   2) 24kV 开关柜：

     工频电压试验（相间及对地：65kV，1min；断路器断口：79kV/65kV，1min；隔离断口：79kV，1min，当隔离断口间有金属活门时为 65kV，1min）；

     雷电冲击电压试验（相间及对地：125kV；断路器断口：145kV/125kV；隔离断口：145kV，当隔离断口间有金属活门时为 125kV）。

   3) 40.5kV 开关柜：

     工频电压试验（相间及对地：95kV，1min；断路器断口：118kV/95kV，1min；隔离断口：118kV，1min，当隔离断口间有金属活门时为 95kV，1min）；

     雷电冲击电压试验（相间及对地：185kV；断路器断口：215kV/185kV；隔离断口：215kV，当隔离断口间有金属活门时为 185kV）。

   4) 辅助和控制回路的绝缘试验（工频 2000V，1min）。

b) ※回路电阻的测量。

c) ※温升试验（1.1 倍额定电流），按照 DL/T 593 和 DL/T 404 的规定执行。

d) ※机械操作和机械特性测量试验。

e) ※短时耐受电流和峰值耐受电流试验（主回路额定短时耐受电流持续时间≥3s，接地开关和接地回路额定短时耐受电流持续时间≥2s），按照 DL/T 593 和 DL/T 404 的规定执行。

f) ※开断和关合能力试验（包括试验方式 T100s 和 T100a）。

g) ※防护等级检验。

h) ※内部电弧试验（燃弧时间均不低于 0.5s）：

   1) 相同电压等级，相同尺寸（柜体长宽高尺寸均相差不超过 10mm）、相同结构布置的高压开关柜，可选用额定短路开断电流最大的高压开关柜进行内部电弧试验，且试验电流值较高的内部电弧试验可覆盖较低的内部电弧试验；

2) 充气式高压开关柜内部电弧试验暂不做要求。

A.1.2 适用时强制性的型式试验

开关柜适用时强制性的型式试验项目如下：

a) 密封试验。

b) 气体水分含量测量（≤150×10^{-6}）

c) 电磁兼容性试验（EMC）。

d) 充气隔室的压力耐受试验。

e) 人工污秽试验和凝露试验。

f) 局部放电试验。

g) 接地开关短路关合能力试验。

A.2 配套断路器型式试验项目

A.2.1 强制性的型式试验

配套断路器强制性的型式试验项目如下：

a) ※绝缘试验。

　1) 12kV 开关柜的配套断路器：
　工频电压试验（相间及对地：42kV，1min；断口：48kV/42kV，1min）；
　雷电冲击电压试验（相间及对地：75kV；断口：85kV/75kV）。

　2) 24kV 开关柜的配套断路器：
　工频电压试验（相间及对地：65kV，1min；断口：79kV/65kV，1min）；
　雷电冲击电压试验（相间及对地：125kV；断口：145kV/125kV）。

　3) 40.5kV 开关柜的配套断路器：
　工频电压试验（相间及对地：95kV，1min；断口：118kV/95kV，1min）；
　雷电冲击电压试验（相间及对地：185kV；断口：215kV/185kV）。

　4) 辅助和控制回路的绝缘试验（工频 2000V，1min）。

b) ※主回路电阻测量。

c) ※温升试验（1.1 倍额定电流）。

d) ※机械试验：机械寿命试验次数（真空断路器：≥10000 次，SF$_6$ 断路器：≥5000 次）。

e) ※短时耐受电流和峰值耐受电流试验（主回路额定短时耐受电流持续时间≥3s）。

f) ※短路电流关合和开断试验。

g) ※异相接地故障开断试验。

h) ※电寿命试验见表 A.1。

表 A.1 电寿命试验

断路器灭弧介质	额定电压 kV	额定短路开断电流 kA	额定短路开断电流下要求的开断次数 次
真空	12	31.5 及以下	≥30
真空	12	40	≥20
真空	40.5	25	≥30
真空	40.5	31.5	≥20
SF_6	12～40.5	40 及以下	≥20

   i) ※容性电流开合试验：电缆充电电流开合试验（C2 级：CC1－CC2）。

A.2.2　适用时强制性的型式试验

配套断路器适用时强制性的型式试验项目如下：

a)　密封试验。

b)　气体水分含量测量（≤150×10^{-6}）。

c)　局部放电试验。

d)　电磁兼容性试验（EMC）。

e)　真空断路器 X 射线测量试验。

f)　容性电流开合试验：单个或背靠背电容器组开合试验（C2 级：BC1－BC2，适用于无功补偿电容器组回路，额定单个电容器组开断电流达到 630A；额定背靠背电容器组开断电流达到 400A）。

A.3　开关柜本体型式试验简化说明

A.3.1　关于开关柜本体型式试验中机械试验的简化说明

断路器、隔离开关或接地开关等开关装置应按各自标准（如 DL/T 402、DL/T 486 等）进行机械试验。已经通过型式试验的可不进行机械试验。可移开部件用作隔离开关时，机械操作和机械寿命试验应符合 DL/T 486 的规定。若开关装置已按各自标准通过了机械试验，则应进行 50 次操作，对已通过试验的可移开部件应进行 25 次推入和抽出操作，以验证其操作性能是否符合要求。

A.3.2　关于开关柜本体型式试验中关合和开断试验的简化说明

若断路器已按相关标准进行了型式试验，开关柜可仅进行 DL/T 402 的试验方式 T100s、T100a 试验。

附 录 B
开关柜出厂试验项目

开关柜出厂试验项目如下：

a) 主回路的绝缘试验；

b) 辅助和控制回路的试验；

c) 主回路电阻测量；

d) 机械操作和机械特性试验；

e) 设计和外观检查；

f) 密封试验（SF_6 断路器高压开关柜和充气式高压开关柜适用）；

g) 充气隔室的压力试验和气体状态测量（充气式高压开关柜适用）。

附 录 C
产 能 计 算 公 式

日出厂试验完成能力：

$$c_{出厂} = 1\ 台/h$$

单位数控弯机加工能力：

$$c_{折弯} = 4\ 台/h$$

钣金加工能力：

$$c_{加工能力} = Nc_{折弯}tT$$

出厂试验能力：

$$c_{出厂} = \min(n, m)c_{出厂}tT$$

装配能力：
12kV 开关柜：

$$c_{装配(12kV)} = kd\alpha\gamma R_{12}T$$

40.5kV 开关柜：

$$c_{装配(40.5kV)} = kd\alpha\gamma R_{40.5}T$$

开关柜生产能力：

$$P = \min\{c_{加工能力}, c_{出厂}, c_{装配}\}$$

注：数控折弯机、数控剪板机、数控冲床，任意缺少一样，则产能计算公式为：

$$P = 80\%\min\{c_{出厂}, c_{装配}\}$$

式中：

T——工作天数，取值为 300 天；

t——日工作时间，取值为 8h；

R_{12}——12kV 开关柜纯人工装配能力，取值为 10 台/天；

$R_{40.5}$——40.5kV 开关柜纯人工装配能力，取值为 8 台/天；

n——工频耐压试验装置套数；

m——机械特性测试仪台数；

N——数控折弯机台数；

k——开关柜自动化装配流水线条数；

d——断路器自动化装配流水线条数（如有）；

α——断路器装配流水线修正系数（如有），取值为 1.5；

γ——开关柜自动化装配流水线修正系数，取值为 2。

电力电容器装置供应商资质能力信息核实规范

目　次

电力电容器装置供应商资质能力信息核实规范

1 范围

本文件为国家电网有限公司对变电站/换流站用电力电容器装置供应商的资质条件及制造能力信息进行核实的依据。

本文件适用于国家电网有限公司变电站/换流站用并联电容器成套装置 RI 电容器、直流电容器装置、滤波器组电容器供应商的信息核实工作。包括:

a) 220kV 及以下变电站用并联电容器成套装置产品分类:

    1) 10kV/1000kvar/334kvar/框架式并联电容器成套装置;

    2) 10kV/2000kvar/334kvar/框架式并联电容器成套装置;

    3) 10kV/3000kvar/334kvar/框架式并联电容器成套装置;

    4) 10kV/3600kvar/200kvar/框架式并联电容器成套装置;

    5) 10kV/4000kvar/334kvar/框架式并联电容器成套装置;

    6) 10kV/4800kvar/200kvar/框架式并联电容器成套装置;

    7) 10kV/5000kvar/334kvar/框架式并联电容器成套装置;

    8) 10kV/6000kvar/334kvar/框架式并联电容器成套装置;

    9) 10kV/8000kvar/334kvar/框架式并联电容器成套装置;

    10) 10kV/3000kvar/3000kvar/集合式并联电容器成套装置;

    11) 10kV/3600kvar/3600kvar/集合式并联电容器成套装置;

    12) 10kV/4800kvar/4800kvar/集合式并联电容器成套装置;

    13) 10kV/10000kvar/417kvar/框架式并联电容器成套装置;

    14) 20kV/6000kvar/334kvar/框架式并联电容器成套装置;

    15) 20kV/9000kvar/334kvar 框架式并联电容器成套装置;

    16) 20kV/9000kvar/500kvar/框架式并联电容器成套装置;

    17) 20kV/12000kvar/334kvar/框架式并联电容器成套装置;

    18) 35kV/10000kvar/417kvar/框架式并联电容器成套装置;

    19) 35kV/20000kvar/417kvar/框架式并联电容器成套装置;

    20) 35kV/20000kvar/6667kvar/集合式并联电容器成套装置;

    21) 66kV/10000kvar/417kvar/框架式并联电容器成套装置;

    22) 66kV/20000kvar/417kvar/框架式并联电容器成套装置;

    23) 66kV/25000kvar/417kvar/框架式并联电容器成套装置。

b) 330kV～1000kV 变电站用并联电容器成套装置产品分类：

    1）35kV/20000kvar/417kvar/框架式并联电容器成套装置；

    2）35kV/20000kvar/6667kvar/集合式并联电容器成套装置；

    3）35kV/30000kvar/500kvar/框架式并联电容器成套装置；

    4）35kV/40000kvar/417kvar/框架式并联电容器成套装置；

    5）35kV/30000kvar/10000kvar/集合式并联电容器成套装置；

    6）35kV/60000kvar/500kvar/框架式并联电容器成套装置；

    7）35kV/60000kvar/20000kvar/集合式并联电容器成套装置；

    8）66kV/60000kvar/20000kvar/集合式并联电容器成套装置；

    9）66kV/60000kvar/500kvar/框架式并联电容器成套装置；

    10）66kV/90000kvar/500kvar/框架式并联电容器成套装置；

    11）66kV/120000kvar/500kvar 框架式并联电容器成套装置；

    12）110kV/240000kvar/556kvar 框架式并联电容器成套装置。

c) RI 电容器产品分类：

    1）直流 RI 电容器；

    2）交流 RI 电容器。

d) 直流电容器装置产品分类：

    1）中性母线电容器；

    2）ELIS 电容器；

    3）PLC 滤波器；

    4）阻断滤波器；

    5）TDR 电容器；

    6）其他（冲击电容器、阻尼电容器、断路器震荡电容器、阻塞电容器等）。

e) 滤波器组电容器产品分类：

    1）交流滤波器组电容器；

    2）直流滤波器组电容器。

2 规范性引用文件

下列文件中的内容通过文中的规范性引用而构成本文件必不可少的条款。其中，注日期的引用文件，仅该日期对应的版本适用于本文件；不注日期的引用文件，其最新版本（包括所有的修改单）适用于本文件。

GB 311.1 绝缘配合 第 1 部分：定义、原则和规则

GB 1985 高压交流隔离开关和接地开关

GB/T 7354 高电压试验技术 局部放电测量

GB/T 8287 标称电压高于 1000V 系统用户内和户外支柱绝缘子

GB/T 11024.1 标称电压 1000V 以上交流电力系统用并联电容器 第 1 部分：总则

GB/T 11024.2 标称电压 1000V 以上交流电力系统用并联电容器 第 2 部分：老化试验

GB/T 11024.4 标称电压 1000V 以上交流电力系统用并联电容器 第 4 部分：内部熔丝

GB/T 11032 交流无间隙金属氧化物避雷器

GB/T 16927.1 高电压试验技术 第 1 部分：一般定义及试验要求

GB/T 16927.2 高电压试验技术 第 2 部分：测量系统

GB/T 19749.1 耦合电容器及电容分压器 第 1 部分：总则

GB 20840.1 互感器 第 1 部分：通用技术要求

GB 20840.2 互感器 第 2 部分：电流互感器的补充技术要求

GB/T 20993 高压直流输电系统用直流滤波电容器及中性母线冲击电容器

GB/T 20994 高压直流输电系统用并联电容器及交流滤波电容器

GB/T 28543 电力电容器噪声测量方法

GB/T 32524.1 声学 声压法测定电力电容器单元的声功率级和指向特性 第 1 部分：精密法

GB 50060 3kV～110kV 高压配电装置设计规范

GB 50227 并联电容器装置设计规范

GB 50260 电力设施抗震设计规范

DL/T 462 高压并联电容器用串联电抗器订货技术条件

DL/T 584 3kV～110kV 电网继电保护装置运行整定规整

DL/T 604 高压并联电容器装置使用技术条件

DL/T 620 交流电气装置的过电压保护和绝缘配合

DL/T 628 集合式高压并联电容器订货技术条件

DL/T 653 高压并联电容器用放电线圈使用技术条件

DL/T 840 高压并联电容器使用技术条件

DL/T 1774 电力电容器外壳耐受爆破能量试验导则

Q/GDW 13053 国家电网有限公司物资采购标准 电容器卷

3 资质信息

3.1 企业信息

3.1.1 ※基本信息

查阅营业执照。

供应商为中华人民共和国境内依法注册的法人或其他组织。

3.1.2 法定代表人/负责人信息

查阅法定代表人/负责人身份证（或护照）。

3.1.3 财务信息

查阅审计报告、财务报表，其中审计报告为具有资质的第三方机构出具。

3.1.4 资信等级证明

查阅银行或专业评估机构出具的证明。

3.1.5 注册资本和股本结构

查阅验资报告。

3.2 ※报告证书

3.2.1 检测报告

查阅检测报告、送样样品生产过程记录以及其他支撑资料。

a) 检测报告出具机构为国家授权的专业检测机构或者国际专业权威机构。境内检验机构具有计量认证证书（CMA）及中国合格评定国家认可委员会颁发的实验室认可证书（CNAS），且证书附表检测范围须涵盖所核实产品。境外机构出具的检测报告同时提供中文版本或经公证后的中文译本。

b) 国家标准、行业标准规定的检测报告有效期有差异的，以有效期短的为准；国家标准、行业标准均未明确检测报告有效期的，检测报告有效期按长期有效认定。

c) 框架式/集合式电容器单元老化试验替代原则按照 GB/T 11024.2 的规定；外壳爆破能量试验替代原则目前暂按产品长、宽相差不超过试品 10%，高度相差不超过试品 20%的规定。

d) 报告的委托方和产品制造方是供应商自身。

e) 报告符合相应的国家标准、行业标准、国家电网有限公司企业标准和物资采购标准规定的试验项目和试验参数的要求，报告项目应符合附录 A。

f) 相应单元产品额定电压分别为 $10.5/\sqrt{3}\,kV$、$11/\sqrt{3}\,kV$、$12/\sqrt{3}\,kV$，可用于 10kV 并联电容器成套装置，$11/2\sqrt{3}\,kV$、$12/2\sqrt{3}\,kV$ 可两台串联用于 10kV 并联电容器成套装置。

g) 相应单元产品额定电压分别为 $11/2kV$、$12/2kV$ 可用于 35kV 及 66kV 并联电容器成套装置，$21/2kV$、$23/2kV$ 可用于 66kV 并联电容器成套装置。

h) 相应单元产品额定电压分别为 $38.5/\sqrt{3}\,kV$、$42/\sqrt{3}\,kV$ 可用于 35kV 集合式并联电容器成套装置。

i) 相应单元产品额定电压分别为 $73/\sqrt{3}\,kV$、$79/\sqrt{3}\,kV$ 可用于 66kV 集合式并联电容器成套装置。

j) 如提供合格有效的电容器型式试验报告（型式试验报告项目应符合附录 A），可认为具有对应电压等级及容量的电容器成套装置的生产能力。

k) 当产品在设计、材料或制造工艺发生改变或者产品转厂生产或异地生产时，应重新进行相应的型式试验。

3.2.2 鉴定证书

查阅鉴定证书。

a) 鉴定证书的委托方和产品制造方是供应商自身。

b) 鉴定证书出具机构一般为中国电力企业联合会或中国机械工业联合会。

3.2.3 管理体系认证

查阅管理体系认证证书，具有质量管理体系证书，证书在有效期内，有定期年检记录且认证范围涵盖被核实产品。

3.3 产品业绩

查阅供货合同及相对应的合同销售发票。

a) 合同的供货方和实际产品的生产方均为供应商自身。出口业绩合同需提供中文版本或经公证后的中文译本。业绩电压等级往下认可最接近的电压等级。

b) 不予统计的业绩有（不限于此）：

1) 同类产品制造厂之间的业绩；

2) 产品在试验室或试验站的业绩；

3) 作为元器件、组部件的业绩；

4) 经销商、代理商的业绩。

4 设计研发能力

4.1 技术来源与支持

查阅与合作支持方的协议及设计文件图纸等相关信息。

4.2 设计研发内容

查阅产品研发的设计、试验、关键工艺技术、质量控制方面的情况。

4.3 设计研发人员

查阅设计研发部门的机构设置及人员信息（人员资格证书）。

4.4 设计研发工具

查验供应商实际研发设计工具。

4.5 获得专利情况

查阅与产品相关的专利证书。

4.6 参与标准制（修）订情况

查阅主持或参与制（修）订并已发布的标准及相关证明材料信息。

4.7 产品获奖情况

查阅获奖证书等相关信息。

4.8 商业信誉

查阅企业相关国家、行业或第三方发布的综合实力、品牌等排名。

5 生产制造能力

5.1 ※生产厂房

查阅不动产权证书、土地使用权证、房屋产权证、厂房设计图纸、用电客户编号等相关信息。

具有与产品生产相配套的厂房（包括净化室或净化厂房），厂房若为租用则提供长期租用合同。厂房面积、净化（元件卷制）车间均要能满足生产需要，有相关检测设备和记录，工艺布局应按从原材料、组部件到产品入库所规定的每道工序的工艺文件及工艺技术的要求合理布局工艺流程，且能保证被核实产品的生产。

框架式/集合式电容器净化（元件卷制）车间的温度：20～23℃；湿度：50%～70%；元件卷制间洁净度：静态 0.5μm 及以上颗粒不大于 35 粒/L、动态 0.5μm 及以上颗粒不大于 200 粒/L；元件组装（压装）间洁净度：静态 0.5μm 及以上颗粒不大于 2000 粒/L、动态 0.5μm 及以上颗粒不大于 20000 粒/L。

套管式电容器净化（元件卷制）车间的温度：16～26℃；湿度：40%～70%；元件卷制间洁净度：静态 0.5μm 及以上颗粒不大于 352 粒/L、动态 0.5μm 及以上颗粒不大于 3520 粒/L；元件组装（压装）间洁净度：静态 0.5μm 及以上颗粒不大于 2000 粒/L、动态 0.5μm 及以上颗粒不大于 35200 粒/L。

5.2 ※生产工艺

查阅工艺控制文件、管理体系文件等相关资料。

5.2.1 工艺控制文件

各工序的作业指导书、工艺控制文件应齐全［箱壳的焊接（框架式/集合式电容器适用）、元件卷制、元件压装、心子焊接、真空浸渍、热烘试漏］、统一、规范。其工艺文件中所规定的关键技术要求和技术参数不低于国家标准、行业标准、国家电网有限公司企业标准和物资采购标准的规定。各工艺环节中无国家明令禁止的行为。

5.2.2 关键生产工艺控制

查阅工艺流程控制记录等相关信息。

产品工艺技术成熟、稳定，并应具有电容器单元的密封试验（热烘检测渗漏油）工艺。从原材料、组部件到产品入库所规定的每道工序的工艺技术能保证产品生产的需要。生产产品的各个工序应按工艺文件执行，现场记录内容规范、详实，具有可追溯性。现场定置管理条例，有明显的标识，主要生产设备的操作规程图表上墙。

5.3 ※生产设备

查阅设备的现场实际情况及购买发票等相关信息。

a） 具有与产品生产相适应的设备，不能租用或借用，电容器单元本体应自行生产，不可外购。主要生产设备有：全自动元件卷制机、油处理设备、真空浸渍罐、数控折弯设备（框架式/集合式电容器适用）、氩弧焊接设备（框架式/集合式电容器适用）、热烘检测渗漏油设备等。

b） 设备使用正常，建立设备管理档案（包括使用说明、台账、保养维护记录等），其维修保养等记录规范、详实，设备上的计量仪器仪表具有合格的检定或校准证书，并在有效期内。

5.4 生产、技术、质量管理人员

查阅人力资源部门管理文件（如劳动合同、人员花名册等），包括生产、技术、质量管理等人员数量，结合现场实际情况，观察现场人员的操作水平。

a） 具有生产需要的原材料检验、产品检验、关键工艺控制和过程检验的专职工作人员，其中有中高级职称的技术人员，且不得借用其他公司的。一线生产人员培训上岗，操作熟练。

b) 具有质量管理组织机构、质量管理部门及人员。

6 试验检测能力

6.1 ※试验场所

查看试验场所现场情况。

具有与试验产品相配套的试验场所，试验场所环境满足试验要求，不能整体借用其他公司的试验场所，不能委托其他单位进行例行试验（出厂试验）。

6.2 ※试验检测管理

查阅相关的规章制度文件、过程记录及出厂试验报告等相关信息。

具有试验室管理制度、操作规程、试验标准，并在操作过程中严格按照规程执行。

6.3 ※试验检测设备

查阅设备的现场实际情况及购买发票等相关信息。

a) 设备齐全，具备完成全部例行试验的能力（例行试验项目见附件 A）。满足国家标准、电力行业标准、国家电网有限公司企业标准和物资采购标准所规定的逐台试验和抽样试验检测要求。主要试验设备包括：工频耐压试验设备、直流电压发生器、补偿电抗器（框架式/集合式电容器适用）、介质损耗电桥、标准电容器、局部放电仪、交直流分压器，以满足电容器全部出厂例行试验项目的要求。

b) 设备使用正常，具有检定报告，并在检定合格期内。建立设备管理档案（包括使用说明、台账、保养维护记录等），其维修保养等记录规范、详实，具有可追溯性。强检计量仪器、设备具有相应资格单位出具的有效检定证书。

6.4 ※试验检测人员

查阅人力资源部门管理文件（如劳动合同、人员花名册等）、人员资质证书以及培训记录。

试验人员能严格遵守试验室规章制度完成试验，操作熟练，能理解或掌握相关国家标准、电力行业标准和国家电网有限公司企业标准和物资采购标准的有关规定，并具有一定的试验结果分析能力。高压人员试验人员至少两人，经过考核培训持证上岗。

6.5 ※现场抽样检测

6.5.1 抽查出厂试验报告

出厂试验报告记录完整、正确，档案管理规范。

6.5.2 抽样检测

原则上现场对与被核实产品相同或相近型式的产品进行抽样检验。样品在供应商声明的合格产品中抽取，抽样检验项目一般在出厂试验项目中选取。抽样检验重点核实供应商试验方法、试验场地环境、人员操作能力、仪器设备有效性和产品性能等方面。

现场随机抽取 3 台产品，且该产品已具有出厂试验报告，随机做 3 项出厂例行试验，所有试验结果均应满足相关要求。

7 原材料/组部件管理

7.1 ※管理规章制度

查阅原材料/组部件管理规章制度。

a) 具有进厂检验制度及其他原材料/组部件管理制度。

b) 具有主要原材料/组部件供应商筛选制度。

7.2 ※管理控制情况

查看原材料/组部件管理实际执行情况。

a) 设计采用的原材料/组部件不能有国家明令禁止的。

b) 按工艺文件所规定的技术要求和相应管理文件，根据生产计划采购。主要原材料/组部件供应商变更有相应的报告并在相关工艺文件中说明。

c) 按规定进行进厂检验，验收合格后入库。可以采用抽检或普检的检验方式进行，包括原材料及配套件的出厂检验单及入厂的验收报告。入厂验收项目包括：

    1) 薄膜的外观检查、电弱点、厚度、伸长率、介电强度、介质损耗因数、空隙率、表面粗糙度等；

    2) 浸渍剂的黏度、密度、酸值、闪点、微水含量、体积电阻率、介电强度、介质损耗因数、添加剂含量等；

    3) 铝箔的厚度测量、外观检查、直流电阻检验等；

    4) 其他配套件（串联电抗器、放电线圈、避雷器、电流互感器、隔离开关、支柱绝缘子、套管、RI电容器结合滤波器）具有合格的型式试验报告。

d) 分类独立存放，物资仓库有足够的存储空间和适宜的环境，实行定置管理，标识清晰、正确、规范、合理。

e) 原材料/组部件使用现场记录内容规范、详实，具有可追溯性。

8 数智制造

应用互联网和物联网技术，打造"透明工厂"，生产制造、试验检验、原材料/组部件管理等信息对买方公开，接入国家电网电工装备智慧物联平台，包括：

a) 加强数字基础设施建设，推动数字技术与先进制造技术融合发展。供应商相关业务数据、原材料/组部件检验数据、生产过程检验数据、出厂试验数据、成品信息数据和视频数据等支持自动采集或系统推送。数据接口需保障数据完整性、正确性、安全性，具有可扩展性、通信实时性等。

b) 具有原材料/组部件数据及检验数据接入条件，从原材料采购直至原材料检验入库过程中关键工艺主要包括聚丙烯薄膜、浸渍剂2项。

c) 具有工艺控制数据及检测数据接入条件，生产工艺流程中从元件卷制开始直至整机装配完毕过程中关键工艺主要包括净化车间的温度、净化车间的湿度、净化车间的洁净度、真空干燥浸渍4项。

d) 具有出厂试验数据接入条件，从耐压试验直至包装入箱过程中关键试验流程包括极间交流耐压试验、极对壳交流耐压试验、局部放电测量（极间）、电容测量、电容器损耗角正切（tanδ）测量、内熔丝放电试验、放电器件检查 7 项。

e) 具有视频接入条件，设备视频数据采集应包括元件卷制、内熔丝粘接、芯子焊接、交直流试验、电容测量 5 个区域。

9 绿色发展

查看供应商资源能源消耗情况、战略体系、绿色认证及其他支撑材料，包括：

a) 相关油、水、气、煤及电力、热力等能源消耗，建立能源利用统计报表制度，分析生产经营环节能源利用情况。

b) 相关绿色工厂认证、绿色产品标识、绿色供应链管理等相关资质文件。

c) 将绿色发展理念融入战略体系中，并形成明确的绿色发展目标，制定详实且具有操作性的实施路径。

d) 建立、实施并保持支撑企业绿色低碳发展的绿色管理体系情况，包括但不限于能源管理体系、碳排放管理体系、能源计量管理体系等。

e) 使用无害原材料，禁止使用国家明令禁止的淘汰设备、工艺技术等，并应用国家鼓励的节能设备与先进工艺技术情况。

f) 建立完善的绿色采购管理制度，推广绿色包装材料应用，并建立系统的循环利用体系，实施绿色制造情况。

g) 生产环节的大气污染物排放、水体污染物排放、固体废弃物排放、噪声排放等基础排放符合相关国家标准及地方标准要求情况。

10 售后服务及产能

10.1 售后服务

查阅管理文件、组织机构设置、人员档案、售后履约服务证明以及售后服务记录等相关信息。

10.2 产能

通过现场实际情况，根据产品生产及试验的瓶颈及工厂提供的产能计算报告核实其产能。

本文件中所有核实内容都将对供应商参与招投标活动有重要影响，其中标记"※"的内容是以往招标必备项的要求，也是重点核实内容，其他未标记"※"的为一般核实内容。

附　录　A

试　验　报　告

A.1　并联电容器试验报告

并联电容器试验报告如下：

a)　框架式/集合式电容器单元型式试验：

　　1)　外观检查；

　　2)　密封试验；

　　3)　端子间交流电压试验；

　　4)　端子与外壳间交流电压试验（干试）；

　　5)　电容测量；

　　6)　电容器损耗角正切（$\tan\delta$）测量；

　　7)　热稳定性试验；

　　8)　高温下电容器损耗角正切（$\tan\delta$）测量；

　　9)　常温下局部放电测量；

　　10)　低温下局部放电熄灭电压测量；

　　11)　极对壳局部放电熄灭电压测量；

　　12)　短路放电试验；

　　13)　端子与外壳间交流电压试验（湿试）；

　　14)　端子与外壳间雷电冲击电压试验；

　　15)　内部熔丝的放电试验；

　　16)　内部熔丝的隔离试验；

　　17)　内部放电器件试验；

　　18)　套管受力试验；

　　19)　$\tan\delta$与温度的关系曲线测定；

　　20)　过电压试验（执行 GB/T 11024—2019 时适用）；

　　21)　温升试验（集合式）；

　　22)　外壳机械强度试验（集合式）；

　　23)　绝缘冷却油试验（集合式）；

　　24)　极对外壳工频耐压试验（湿试，集合式）；

　　25)　外壳爆破能量试验（特殊试验）；

　　26)　耐久性试验（特殊试验，执行 GB/T 11024—2010 时适用）；

　　27)　老化试验（特殊试验，执行 GB/T 11024—2019 时适用）。

b)　框架式/集合式电容器单元出厂试验报告：

1）外观检查；

2）端子间交流电压试验；

3）端子与外壳间交流电压试验（干试）；

4）电容测量；

5）电容器损耗角正切（tanδ）测量；

6）常温下局部放电测量；

7）内部熔丝的放电试验；

8）内部放电器件试验；

9）绝缘冷却油试验（集合式）。

c）框架式/集合式电容器整体出厂试验：

1）电容量测量；

2）框架绝缘试验。

A.2 RI 电容器试验报告

RI 电容器试验报告如下：

a）套管式电容器型式试验：

1）直流设备的直流耐压湿试验；

2）交流设备的交流耐压湿试验；

3）直流设备的极性反转试验；

4）雷电冲击试验；

5）低压端子对地雷电冲击试验（如有）；

6）操作冲击电压湿试验；

7）直流耦合/滤波电容器的放电试验；

8）高频电容及等值串联电阻测量（如有）；

9）电压端子的杂散电容和杂散电导测量（如有）；

10）电容温度系数测定（如有）；

11）爬电距离测量；

12）外观检查；

13）机械强度试验（特殊试验）。

b）套管式电容器出厂试验：

1）密封性试验；

2）工频电容测量和 tanδ 测量；

3）工频或直流耐压试验；

4）直流设备的电阻测量（如有）；

5）局部放电测量；

6）低压端子工频耐压试验（如有）。

A.3 直流电容器装置试验报告

A.3.1 框架式/集合式直流电容器试验报告

框架式/集合式直流电容器试验报告如下：

a) 单元型式试验：

    1) 外观检查；

    2) 密封试验；

    3) 端子间交流电压试验；

    4) 端子与外壳间交流电压试验（干试）；

    5) 电容测量；

    6) 电容器损耗角正切值（$\tan\delta$）测量；

    7) 热稳定性试验；

    8) 高温下电容器损耗角正切值（$\tan\delta$）测量；

    9) 常温下局部放电测量；

    10) 低温下局部放电熄灭电压测量；

    11) 极对壳局部放电熄灭电压测量；

    12) 短路放电试验；

    13) 端子与外壳间交流电压试验（湿试）；

    14) 端子与外壳间雷电冲击电压试验；

    15) 内部熔丝的放电试验；

    16) 内部熔丝的隔离试验；

    17) 内部放电器件试验；

    18) 套管及导电杆受力试验；

    19) 电容器损耗角正切值（$\tan\delta$）随温度变化曲线测量；

    20) 电容随温度的变化曲线测量；

    21) 内部均压电阻测量；

    22) 极性反转试验；

    23) 最高内部热点温度试验（特殊试验）。

b) 单元出厂试验：

    1) 外观检查；

    2) 端子间交流电压试验；

    3) 端子与外壳间交流电压试验（干试）；

    4) 电容测量；

    5) 电容器损耗角正切值（$\tan\delta$）测量；

    6) 内部均压电阻测量；

    7) 内部熔丝的放电试验；

8）密封性试验。

 c）整体出厂试验：

  1）电容量测量；

  2）框架绝缘试验。

A.3.2 套管式直流电容器试验报告

套管式直流电容器试验报告如下：

 a）型式试验：

  1）直流设备的直流耐压湿试验；

  2）直流设备的极性反转试验；

  3）雷电冲击试验；

  4）低压端子对地雷电冲击试验（如有）；

  5）操作冲击电压湿试验；

  6）直流耦合/滤波电容器的放电试验；

  7）高频电容及等值串联电阻测量（如有）；

  8）电压端子的杂散电容和杂散电导测量（如有）；

  9）电容温度系数测定（如有）；

  10）爬电距离测量；

  11）外观检查；

  12）机械强度试验（特殊试验）。

 b）出厂试验：

  1）密封性试验；

  2）工频电容测量和 $\tan\delta$ 测量；

  3）工频或直流耐压试验；

  4）直流设备的电阻测量（如有）；

  5）局部放电测量；

  6）低压端子工频耐压试验（如有）。

A.4 滤波器组电容器试验报告

A.4.1 交流滤波器组电容器试验报告

交流滤波器组电容器试验报告如下：

 a）框架式/集合式电容器单元型式试验：

  1）外观检查；

  2）密封性试验；

  3）端子间交流电压试验；

  4）端子与外壳间交流电压试验（干试）；

  5）电容测量；

6) 电容器损耗角正切值（tanδ）测量；

7) 热稳定性试验；

8) 高温下电容器损耗角正切值（tanδ）测量；

9) 局部放电试验；

10) 短路放电试验；

11) 端子与外壳间交流电压试验（湿试）；

12) 端子与外壳间雷电冲击电压试验；

13) 内部熔丝的放电试验；

14) 内部熔丝的隔离试验；

15) 内部放电器件试验；

16) 套管及导电杆受力试验；

17) 电容随频率和温度的变化曲线测量；

18) 声功率级和指向特性试验（或声压级和声功率级测量）；

19) 低温下局部放电试验（特殊试验）；

20) 外壳爆破能量试验（特殊试验）；

21) 耐久性试验（或老化试验）（特殊试验）；

22) 热稳定试验的附加试验（特殊试验）；

23) 最高内部热点温度试验（特殊试验）；

24) 抗震试验（特殊试验）。

b) 框架式/集合式电容器单元出厂试验报告：

1) 外观检查；

2) 端子间交流电压试验；

3) 端子与外壳间交流电压试验（干试）；

4) 电容测量；

5) 电容器损耗角正切值（tanδ）测量；

6) 局部放电试验；

7) 内部熔丝的放电试验；

8) 内部放电器件试验；

9) 密封性试验。

c) 框架式/集合式电容器整体出厂试验：

1) 电容量测量；

2) 框架绝缘试验。

A.4.2 直流滤波器组电容器试验报告

直流滤波器组电容器试验报告如下：

a) 框架式/集合式电容器单元型式试验：

1) 外观检查；

    2）密封试验；

    3）端子间交流电压试验；

    4）端子与外壳间交流电压试验（干试）；

    5）电容测量；

    6）电容器损耗角正切值（$\tan\delta$）测量；

    7）热稳定性试验；

    8）高温下电容器损耗角正切值（$\tan\delta$）测量；

    9）常温下局部放电测量；

    10）低温下局部放电熄灭电压测量；

    11）极对壳局部放电熄灭电压测量；

    12）短路放电试验；

    13）端子与外壳间交流电压试验（湿试）；

    14）端子与外壳间雷电冲击电压试验；

    15）内部熔丝的放电试验；

    16）内部熔丝的隔离试验；

    17）内部放电器件试验；

    18）套管及导电杆受力试验；

    19）电容器损耗角正切值（$\tan\delta$）随温度变化曲线测量；

    20）电容随温度的变化曲线测量；

    21）内部均压电阻测量；

    22）极性反转试验；

    23）声功率级和指向特性试验（如有）；

    24）声压级和声功率级测量（如有）；

    25）最高内部热点温度试验（特殊试验）；

    26）声功率级和指向特性试验（或声压级和声功率级测量）。

  b）框架式/集合式电容器单元出厂试验：

    1）外观检查；

    2）端子间交流电压试验；

    3）端子与外壳间交流电压试验（干试）；

    4）电容测量；

    5）电容器损耗角正切值（$\tan\delta$）测量；

    6）内部均压电阻测量；

    7）内部熔丝的放电试验；

    8）密封性试验。

  c）框架式/集合式电容器整体出厂试验：

    1）电容量测量；

    2）框架绝缘试验。

35kV 及以上避雷器供应商资质能力信息核实规范

目　　次

35kV 及以上避雷器供应商资质能力信息核实规范

1 范围

本文件为国家电网有限公司对避雷器产品供应商的资质条件及制造能力信息进行核实的依据。

本文件适用于国家电网有限公司避雷器产品供应商的信息核实工作。包括：

a) 35kV～1000kV 交流变电站用瓷外套无间隙金属氧化物避雷器；

b) 35kV～1000kV 交流变电站用复合外套无间隙金属氧化物避雷器；

c) 35kV～500kV 交流输电线路用复合外套无串联间隙金属氧化物避雷器；

d) 35kV～1000kV 交流输电线路用复合外套带串联间隙金属氧化物避雷器；

e) ±400kV～±1100kV 直流换流站用复合外套无间隙金属氧化物避雷器；

f) ±400kV～±1100kV 直流输电线路用复合外套带串联间隙金属氧化物避雷器。

2 规范性引用文件

下列文件中的内容通过文中的规范性引用而构成本文件必不可少的条款。其中，注日期的引用文件，仅该日期对应的版本适用于本文件；不注日期的引用文件，其最新版本（包括所有的修改单）适用于本文件。

GB/T 311.1 绝缘配合 第 1 部分：定义、原则和规则

GB/T 7354 高电压试验技术 局部放电测量

GB/T 11032 交流无间隙金属氧化物避雷器

GB 11064—2015 高压电气设备无线电干扰测试方法

GB/T 16927.1 高电压试验技术 第 1 部分：一般定义及试验要求

GB/T 16927.2 高电压试验技术 第 2 部分：测量系统

GB/T 22389—2008 高压直流换流站无间隙金属氧化物避雷器导则

GB/T 24845—2018 1000kV 交流系统用无间隙金属氧化物避雷器技术规范

GB/T 32520—2016 交流 1kV 以上架空输电和配电线路用带外串联间隙金属氧化物避雷器

DL/T 815 交流输电线路用复合外套金属氧化物避雷器

DL/T 2109—2020 直流输电线路用复合外套带外串联间隙金属氧化物避雷器选用导则

JB/T 8177 绝缘子金属附件热镀锌层 通用技术条件

JB/T 10492 金属氧化物避雷器用监测装置

3 资质信息

3.1 企业信息

3.1.1 ※基本信息

查阅营业执照。

供应商为中华人民共和国境内依法注册的法人或其他组织。

3.1.2 法定代表人/负责人信息

查阅法定代表人/负责人身份证（或护照）。

3.1.3 财务信息

查阅审计报告、财务报表，其中审计报告为具有资质的第三方机构出具。

3.1.4 资信等级证明

查阅银行或专业评估机构出具的证明。

3.1.5 注册资本和股本结构

查阅验资报告。

3.2 报告证书

3.2.1 ※检测报告

查阅检测报告、送样样品生产过程记录以及其他支撑资料。

a) 检测报告出具机构为国家授权的专业检测机构或者国际专业权威机构。境内检验机构具有计量认证证书（CMA）及中国合格评定国家认可委员会颁发的实验室认可证书（CNAS），且证书附表检测范围涵盖所核实产品。境外机构出具的检测报告同时提供中文版本或经公证后的中文译本。

b) 报告的委托方和试品制造方是供应商自身。

c) 检测产品型号与被核实的产品相一致。

d) 具有与核实产品相同电压等级、相同型式（电站型、线路型；复合外套与瓷外套；带间隙和无间隙；串联绝缘支撑件间隙和空气间隙）产品的检测报告。不同电压等级、不同型式避雷器产品的检测报告不可相互替代。

e) 国家标准、行业标准规定的检测报告有效期有差异的，以有效期短的为准；国家标准、行业标准均未明确检测报告有效期的，检测报告有效期按长期有效认定。

f) 35kV 及以上电压等级避雷器供应商具有与核实产品相同电压等级、相同型式产品或者不同电压等级同种设计的产品的短路电流试验报告，检测机构为国家级检验检测机构。

g) 产品的试验报告符合相应的国家标准、行业标准且试验项目齐全。试验报告项目应符合附录 A。

h) 优先执行国家标准，无国家标准且多行业标准并存时，优先执行电力行业标准。按标准规定所做项目齐全（瓷外套、复合外套无间隙产品依据 GB/T 11032，交流特高压无间隙产品依据 GB/T 24845 和 GB/T 11032，带串联空气间隙避雷器依据 GB/T 32520—2016，带串联绝缘支撑件间隙避雷器依据 DL/T 815，直流换流站无间隙避雷器依据 GB/T 22389—2008，直流输电线路用带串联空气间隙避雷器依据 DL/T 2109—2020），且送样和选样规则符合对应标准规定，不得拼凑和借用，否则视为无效。

i) 检测报告包含足够的数据信息和波形信息，残压试验、重复转移电荷试验、外绝缘冲击试验、动作负载试验、工频电压耐受时间特性试验等需提供试验波形。

j) 当产品在设计工艺、生产条件或使用的材料、主要组部件做重要改变时，重新进行相应的型式试验。

3.2.2 鉴定证书

查阅鉴定证书。

a) 鉴定证书的委托方和产品制造方是供应商自身。

b) 鉴定证书的产品型号与被核实的产品相对应。

c) 鉴定证书出具机构一般为中国电力企业联合会或中国机械工业联合会。

3.2.3 ※管理体系认证

查阅管理体系认证证书，具有质量管理体系证书，证书在有效期内，有定期年检记录且认证范围涵盖被核实产品。

3.3 产品业绩

查阅供货合同及相对应的销售发票原件。

a) 合同的供货方和实际产品的生产均为供应商自身。出口业绩合同需提供中文版本或经公证后的中文译本，业绩电压等级与国内不同时，往下认可最接近的电压等级。

b) 不予统计的业绩有（不限于此）：

    1) 与同类产品制造厂之间的业绩；

    2) 产品在试验室或试验站的业绩；

    3) 作为元器件、组部件的业绩；

    4) 经销商、代理商的业绩。

4 设计研发能力

4.1 技术来源与支持

查阅与合作支持方的协议及设计文件图纸等相关信息。

4.2 设计研发内容

查阅产品研发的设计、试验、关键工艺技术、质量控制方面的情况。

4.3 设计研发人员

查阅设计研发部门的机构设置及人员信息。

4.4 设计研发工具

查验供应商实际研发设计工具。

4.5 获得专利情况

查阅专利证书。

4.6 参与标准制（修）订情况

查阅参与制定并已颁布的标准等证明材料信息。

4.7 产品获奖情况

查阅获奖证书等相关信息。

4.8 商业信誉

查阅企业相关国家、行业或第三方发布的综合实力、品牌等排名。

5 生产制造能力

5.1 ※生产厂房

查阅不动产权证书、土地使用权证、房屋产权证、厂房设计图纸、用电客户编号等相关信息。

具有独立封闭的厂房，厂房若为租用则提供长期租用合同。厂房面积、洁净程度需能满足生产需要，具有独立的避雷器组装车间，宜配有风淋除尘装置，组装车间湿度应控制在 60%以下。车间布置合理，能保证不同工序之间不相互影响，保障人员及产品或组部件的进出不影响车间的环境条件。

对特高压产品生产企业，应建立百万级净化等级的装配车间。

5.2 ※生产工艺

5.2.1 工艺控制文件

查验供应商提供的工艺控制文件、管理体系文件等相关信息。

各工序的作业指导书、工艺控制文件齐全、统一、规范。重要工艺环节的控制文件及操作手册齐全［电阻片生产、电阻片检验、电阻片干燥处理、芯体装配、总体装配、复合外套生产（对于复合外套避雷器）等各个工艺控制环节］。其工艺文件中所规定的关键技术要求和技术参数不低于国家标准、电力行业标准、国家电网有限公司企业标准和物资采购标准的规定。各工艺环节中无国家明令禁止的行为。

5.2.2 关键生产工艺控制

产品工艺技术成熟、稳定。从原材料、组部件到产品入库所规定的每道工序的工艺技术能保证产品生产的需要。生产产品的各个工序按工艺文件执行，现场记录内容规范、详实，具有可追溯性。现场定置管理，有明显的标识，主要生产设备的操作规程图表上墙。

5.3 ※生产设备

查阅设备的现场实际情况及购买发票等相关信息。具有与产品生产相适应的设备，不能租用或借用。

a） 35kV 电压等级及以上产品的电阻片自行生产，且具备下列生产设备：喷雾造粒干燥机、电阻片液压成型机、成套隧道炉、磨片机、自动喷铝设备等。对于生产复合外套避雷器的供应商，具备复合外套成型设备及相应的成套模具。

b) 设备使用正常，建立设备管理档案（包括使用说明、台账、保养维护记录等），其维修保养等记录规范、详实，具有可追溯性。设备上的计量仪器仪表具有合格的检定或校准证书，并在有效期内。

5.4 生产、技术、质量管理人员

查阅人力资源部门管理文件（如劳动合同、人员花名册等），包括生产、技术、质量管理等人员数量，结合现场实际情况，观察现场人员的操作水平。

a) 具有生产需要的专职生产及技术人员，且不得借用其他公司的。各个生产环节的员工能够熟练操作设备、工装器具，并能得到定期培训。

b) 具有质量管理组织机构、质量管理部门及人员。

6 试验检测能力

6.1 ※试验场所

查看试验场所现场情况。

具有与试验产品相配套的试验场所，不能整体借用其他公司的试验场所，不能委托其他单位进行例行试验（出厂试验）和抽样试验。局部放电测量试验的背景干扰应小于10pC，环境满足全部例行试验和抽样试验要求。

6.2 ※试验检测管理

查阅相关的规章制度文件、过程记录及试验报告等相关信息。

具有试验室管理制度、操作规程、试验标准，以及完整的试验原始记录，并在操作过程中严格按照规程执行。

6.3 ※试验检测设备

查阅设备的现场实际情况及购买发票等相关信息。具有以下试验设备：

a) 整只试验设备：直流高压发生器、工频试验变压器、局部放电测试仪、阻性电流测试仪、氢质谱检漏仪/水煮试验箱等有效密封试验装置、机械负荷试验设备、多柱避雷器电流分布试验设备（仅适用于多柱电阻片并联避雷器）。

b) 电阻片试验设备：直流参考电压试验设备、残压试验设备、人工加速老化试验装置、方波冲击电流试验设备、大电流冲击试验设备。

c) 设备使用正常，建立设备管理档案（包括使用说明、台账、保养维护记录等），其维修保养等记录规范、详实，具有可追溯性。设备上的计量仪器仪表具有合格的检定或校准证书，并在有效期内。

6.4 ※试验检测人员

查阅人力资源部门管理文件（如劳动合同、人员花名册等）、人员资质证书及培训记录。

具有相应数量的试验人员，人员不能借用其他公司的。试验人员能独立完成试验，操作熟练，能理解或掌握相关国家标准、电力行业标准和国家电网有限公司企业标准和物资采购标准的有关规定，并具有一定的试验结果分析能力。高压试验人员至少有 2 人，经过考核培训持证书上岗。

6.5 ※现场抽样

6.5.1 抽查出厂试验报告

现场随机抽取 3 份出厂试验报告或出厂试验记录，以及电阻片的试验记录。依据 GB/T 11032 等相应产品标准，出厂的每只避雷器（或电阻片）应规定进行例行试验，试验项目应符合附录 A。

出厂试验报告记录完整、正确，档案管理规范。

6.5.2 抽样检测

原则上现场应对与被核实产品相同或相近型式的产品进行抽样检验。样品应在供应商声明的合格产品中抽取，抽样检验项目一般在出厂试验项目中选取。抽样检验重点核实供应商试验方法、试验场地环境、人员操作能力、仪器设备有效性和产品性能等方面。

抽取避雷器 1 只进行相关例行试验，试验项目应符合附录 A。

另抽取所用电阻片 6 片，进行直流参考电压试验、漏电流试验、雷电冲击残压试验。在雷电冲击残压试验中，将 6 片电阻片的标称放电电流残压值分别除以各自的直流参考电压，得出 6 片电阻片的残压比，取平均值，再乘以整只避雷器的直流参考电压值，得出整只避雷器标称放电电流残压值，以此判断产品残压值是否满足要求。然后，其中 3 片进行重复转移电荷试验（或方波冲击电流耐受试验），另 3 片进行大电流冲击耐受试验，试验结果满足标准要求。

7 原材料/组部件管理

7.1 ※管理规章制度

查阅原材料/组部件管理规章制度等。

a) 具有完善的进厂检验制度及其他原材料/组部件管理制度。

b) 具有主要原材料/组部件供应商筛选制度。

7.2 ※管理控制情况

查阅原材料/组部件实际执行记录等。

a) 采用的原材料/组部件不能有国家明令禁止的。

b) 按工艺文件所规定的技术要求和相应管理文件，根据生产计划采购。供应商变更主要原材料/组部件应有相应的报告，并在相关工艺文件中说明。

c) 按规定进行进厂检验，验收合格后入库。

d) 分类独立存放，物资仓库有足够的存储空间和适宜的环境，实行定置管理，标识清晰、正确、规范、合理。

e) 原材料/组部件的使用记录应内容规范、详实，具有可追溯性。

f) 对于直接影响产品质量的重要组部件，应依据供应商管理规章制度进行抽检或全检且有相应的检测数据记录。检验规则符合相关国家、行业标准和企业标准要求。

8 数智制造

应用互联网和物联网技术，打造"透明工厂"，生产制造、试验检验、原材料/组部件管理等信息对买方公开，接入国家电网电工装备智慧物联平台，包括：

a) 加强数字基础设施建设，推动数字技术与先进制造技术融合发展。供应商相关业务数据、原材料/组部件检验数据、生产过程检验数据、出厂试验数据、成品信息数据和视频数据等支持自动采集或系统推送。数据接口应保障数据完整性、正确性、安全性，具有可扩展性、通信实时性等。

b) 具有原材料/组部件数据及检验数据接入条件，从原材料采购直至原材料检验入库过程中的关键工艺主要包括冲击电流筛选试验、标称放电电流下残压试验、直流参考电压试验、0.75 倍直流参考电压下漏电流试验、无间隙重复转移电荷试验、线路型重复转移电荷试验、无间隙大电流冲击耐受试验、线路型大电流冲击耐受试验、加速老化试验 9 项。

c) 具有工艺控制数据及检测数据接入条件，生产工艺流程中从生产开始直至装配完毕过程中的关键工艺主要包括配组、整体装配、芯体装配、硫化、组部件干燥 5 项。

d) 具有出厂试验数据接入条件，出厂试验的关键试验流程包括拉伸负荷试验、密封试验、工频参考电压试验、直流参考电压试验、局部放电试验、0.75 倍直流参考电压下漏电流试验、标称放电电流下残压试验、持续电流试验 8 项。

e) 具有视频接入条件，设备视频数据采集应包括电阻片成型、密度测量、进车速度、烧制过程、加热时间、复合外套外观质量、装配过程、环境温湿度、试验大厅、控制室 10 个区域。

9 绿色发展

查看供应商资源能源消耗情况、战略体系、绿色认证及其他支撑材料，包括：

a) 相关油、水、气、煤及电力、热力等能源消耗，建立能源利用统计报表制度，分析生产经营环节能源利用情况。

b) 相关绿色工厂认证、绿色产品标识、绿色供应链管理等相关资质文件。

c) 将绿色发展理念融入战略体系中，并形成明确的绿色发展目标，制定详实且具有操作性的实施路径。

d) 建立、实施并保持支撑企业绿色低碳发展的绿色管理体系情况，包括但不限于能源管理体系、碳排放管理体系、能源计量管理体系等。

e) 使用无害原材料，禁止使用国家明令禁止的淘汰设备、工艺技术等，并应用国家鼓励的节能设备与先进工艺技术情况。

f) 建立完善的绿色采购管理制度，推广绿色包装材料应用，并建立系统的循环利用体系，实施绿色制造情况。

g) 生产环节的大气污染物排放、水体污染物排放、固体废弃物排放、噪声排放等基础排放符合相关国家标准及地方标准要求情况。

10 售后服务及产能

查阅管理文件、组织机构设置、人员档案及售后服务记录等相关信息。

通过现场实际情况，根据产品生产及试验的瓶颈及工厂提供的产能分析报告核实其产能。

产能瓶颈环节：电阻片制造能力，装配能力，复合外套避雷器成型，出厂试验能力（受制于出厂试验设备数量及人员操作熟练程度）。

本文件中所有核实内容都将对供应商参与招投标活动有重要影响，其中标记"※"的内容是以往招标必备项的要求，也是重点核实内容，其他未标记"※"的为一般核实内容。

附 录 A

试 验 项 目

A.1 瓷外套无间隙金属氧化物避雷器

A.1.1 瓷外套无间隙金属氧化物避雷器（GB/T 11032—2020）

依据 GB/T 11032—2020 标准，试验项目如下：

a) 型式试验项目：

1) 统一爬电比距检查；

2) 工频参考电压试验；

3) 直流参考电压试验；

4) 局部放电试验；

5) 无线电干扰电压试验［注 1］；

6) 密封试验；

7) 0.75 倍直流参考电压下泄漏电流试验；

8) 持续电流试验；

9) 残压试验；

10) 重复转移电荷试验；

11) 动作负载试验；

12) 工频电压耐受时间特性试验；

13) 绝缘耐受试验；

14) 弯曲负荷试验；

15) 短路试验；

16) 电流分布试验［注 2］；

17) 污秽试验［注 3］；

18) 环境试验；

19) 脱离器试验［注 4］；

20) 内部部件绝缘耐受试验；

21) 内部均压部件试验［注 5］；

22) 散热特性试验；

23) 长期稳定性试验。

注 1：仅对 $U_s \geqslant 72.5\text{kV}$ 的空气绝缘敞开式电站用的避雷器。

注 2：电流分布试验仅适用于多柱电阻片并联避雷器。

注 3：仅有一个元件的瓷套无间隙避雷器暂不要求进行人工污秽试验，其耐污能力按对应的爬电比距考核。

注 4：脱离器试验仅适用于避雷器配套使用脱离器产品。

注5：内部均压部件试验仅适用于使用了内部均压部件（如均压电容或均压电阻等）的避雷器。

b) 定期试验项目：

1) 残压试验；

2) 长期稳定性试验；

3) 重复转移电荷试验；

4) 动作负载试验；

5) 工频电压耐受时间特性试验。

c) 例行试验项目（用于现场抽样检测）：

1) 持续电流试验；

2) 标称放电电流残压试验；

3) 工频参考电压试验；

4) 直流参考电压试验；

5) 0.75 倍直流参考电压下漏电流试验；

6) 密封性能试验；

7) 局部放电试验；

8) 电流分布试验［注1］。

注1：电流分布试验仅适用于多柱电阻片并联避雷器。

d) 抽样试验项目（用于现场抽样检测）：

1) 重复转移电荷试验；

2) 大电流冲击耐受试验；

3) 长期稳定性试验。

A.1.2 瓷外套无间隙金属氧化物避雷器（GB/T 11032—2010）

依据 GB/T 11032—2010 标准，试验项目如下：

a) 型式试验项目：

1) 爬电比距检查；

2) 工频参考电压试验；

3) 直流参考电压试验；

4) 局部放电试验；

5) 无线电干扰电压试验；

6) 密封试验；

7) 0.75 倍直流参考电压下泄漏电流试验；

8) 持续电流试验；

9) 残压试验；

10) 长持续时间电流冲击耐受试验；

11) 动作负载试验；

12) 工频电压耐受时间特性试验；

  13）避雷器外套绝缘耐受试验；

  14）机械负荷试验；

  15）短路电流试验；

  16）多柱避雷器电流分布试验（仅适用于多柱电阻片并联避雷器）；

  17）人工污秽试验（对单元件瓷套无间隙避雷器暂不要求进行人工污秽试验，其耐污能力按对应的爬电比距考核）；

  18）环境试验；

  19）脱离器试验（仅适用于避雷器配套使用脱离器产品）。

 b）定期试验项目：

  1）残压试验；

  2）长持续时间电流冲击耐受试验；

  3）动作负载试验；

  4）工频电压耐受时间特性试验。

 c）例行试验项目（用于现场抽样检测）：

  1）持续电流试验；

  2）标称放电电流残压试验；

  3）工频参考电压试验；

  4）直流参考电压试验；

  5）0.75 倍直流参考电压下漏电流试验；

  6）密封性能试验；

  7）局部放电试验；

  8）多柱避雷器电流分布试验（仅适用于多柱电阻片并联避雷器）。

 d）抽样试验项目（用于现场抽样检测）：

  1）方波冲击电流耐受试验；

  2）大电流冲击耐受试验；

  3）加速老化试验。

A.2 复合外套无间隙金属氧化物避雷器

A.2.1 复合外套无间隙金属氧化物避雷器（GB/T 11032—2020）

  复合外套无间隙金属氧化物避雷器包含交流变电站用复合外套无间隙金属氧化物避雷器和交流输电线路用复合外套无间隙金属氧化物避雷器，依据 GB/T 11032—2020 标准，试验项目如下：

 a）型式试验项目：

  1）复合外套外观检查；

  2）统一爬电比距检查；

  3）工频参考电压试验；

  4）直流参考电压试验；

5） 局部放电试验；

6） 无线电干扰电压试验［注 1］；

7） 密封试验；

8） 0.75 倍直流参考电压下泄漏电流试验；

9） 持续电流试验；

10） 残压试验；

11） 重复转移电荷试验；

12） 动作负载试验；

13） 工频电压耐受时间特性试验；

14） 绝缘耐受试验；

15） 气候老化试验；

16） 弯曲负荷试验［注 2］；

17） 拉伸负荷试验［注 2］；

18） 短路试验；

19） 电流分布试验［注 3］；

20） 脱离器试验［注 4］；

21） 内部部件绝缘耐受试验；

22） 内部均压部件试验［注 5］；

23） 散热特性试验；

24） 长期稳定性试验；

25） 雷电放电能力试验［注 6］。

注 1： 仅对 $U_s \geqslant 72.5$kV 的空气绝缘敞开式避雷器。

注 2： 对于座式安装避雷器应进行弯曲负荷试验，对于悬挂安装避雷器应进行拉伸负荷试验、和（或）弯曲负荷试验。

注 3： 电流分布试验仅适用于多柱电阻片并联避雷器。

注 4： 脱离器试验仅适用于避雷器配套使用脱离器产品。

注 5： 内部均压部件试验仅适用于使用了内部均压部件（如均压电容或均压电阻等）的避雷器。

注 6： 雷电放电能力试验仅为交流输电线路用避雷器的选做项目。

b） 定期试验项目：

1） 残压试验；

2） 长期稳定性试验；

3） 重复转移电荷试验；

4） 动作负载试验；

5） 工频电压耐受时间特性试验；

6） 弯曲负荷试验；

7） 拉伸负荷试验。

c) 例行试验项目（用于现场抽样检测）：
1) 复合外套外观检查；
2) 直流参考电压试验；
3) 局部放电试验；
4) 密封试验；
5) 0.75 倍直流参考电压下泄漏电流试验；
6) 标称放电电流残压试验；
7) 持续电流试验；
8) 拉伸负荷试验；
9) 工频参考电压试验；
10) 电流分布试验［注 1］。

注 1：电流分布试验仅适用于多柱电阻片并联避雷器。

d) 抽样试验项目（用于现场抽样检测）：
1) 重复转移电荷试验；
2) 大电流冲击耐受试验；
3) 长期稳定性试验。

A.2.2 复合外套无间隙金属氧化物避雷器（GB/T 11032—2010）

依据 GB/T 11032—2010 标准，试验项目如下：

a) 型式试验项目：
1) 复合外套外观检查；
2) 爬电比距检查；
3) 工频参考电压试验；
4) 直流参考电压试验；
5) 局部放电试验；
6) 无线电干扰电压试验；
7) 密封试验；
8) 0.75 倍直流参考电压下泄漏电流试验；
9) 持续电流试验；
10) 残压试验；
11) 长持续时间电流冲击耐受试验；
12) 动作负载试验；
13) 工频电压耐受时间特性试验；
14) 复合外套绝缘耐受试验；
15) 避雷器湿气浸入试验；
16) 避雷器气候老化试验；
17) 机械负荷试验［拉伸负荷试验/抗弯负荷试验，应根据避雷器的安装方式选择机械负荷试验类型，对于座式安装避雷器应进行抗弯负荷试验，对于悬挂安装避雷器应进行拉伸负荷试验、和（或）抗弯负荷试验］；

　　18）短路电流试验；

　　19）环境试验；

　　20）雷电放电能力试验（仅适用于交流输电线路用避雷器）；

　　21）多柱避雷器电流分布试验（仅适用于多柱电阻片并联避雷器）；

　　22）脱离器试验（仅适用于避雷器配套使用脱离器产品）。

　b）定期试验项目：

　　1）残压试验；

　　2）长持续电流冲击耐受试验；

　　3）动作负载试验；

　　4）工频电压耐受时间特性试验；

　　5）湿气浸入试验；

　　6）气候老化试验；

　　7）密封试验。

　c）例行试验项目：

　　1）复合外套外观检查；

　　2）直流参考电压试验；

　　3）局部放电试验；

　　4）密封试验；

　　5）0.75倍直流参考电压下泄漏电流试验；

　　6）标称放电电流残压试验；

　　7）持续电流试验；

　　8）拉伸负荷试验；

　　9）工频参考电压试验；

　　10）多柱避雷器电流分布试验。

　d）抽样试验项目（用于现场抽样检测）：

　　1）方波冲击电流耐受试验；

　　2）大电流冲击耐受试验；

　　3）加速老化试验；

　　4）密封试验。

A.3　交流输电线路用复合外套带串联间隙金属氧化物避雷器

　　交流输电线路用复合外套带串联间隙金属氧化物避雷器包含带串联支撑间隙避雷器和带空气间隙避雷器，其中带串联支撑间隙避雷器试验项目参考 DL/T 815、带空气间隙避雷器试验项目参考 GB/T 32520。

A.3.1　交流输电线路用复合外套带串联间隙金属氧化物避雷器（串联支撑件间隙，DL/T 815—2021）

　　依据 DL/T 815—2021，试验项目如下：

a) 型式试验项目:

    1) 残压试验;

    2) 重复转移电荷试验;

    3) 大电流冲击耐受试验;

    4) 动作负载试验;

    5) 直流参考电压试验;

    6) 0.75 倍直流参考电压下漏电流试验;

    7) 工频参考电压试验;

    8) 局部放电试验;

    9) 拉伸负荷试验;

    10) 密封试验;

    11) 短路试验;

    12) 绝缘耐受试验;

    13) 电磁兼容试验;

    14) 气候老化试验;

    15) 外观检查;

    16) 统一爬电比距检查;

    17) 工频续流遮断试验;

    18) 雷电冲击放电电压试验;

    19) 操作冲击耐受电压试验;

    20) 工频耐受试验;

    21) 本体故障后绝缘耐受试验;

    22) 雷电冲击伏秒特性试验;

    23) 间隙距离测量;

    24) 支撑件工频耐受电压试验;

    25) 支撑件陡波冲击电压试验。

b) 定期试验项目:

    1) 残压试验;

    2) 重复转移电荷试验;

    3) 大电流冲击耐受试验;

    4) 动作负载试验;

    5) 弯曲负荷试验(根据安装方式确定是否进行);

    6) 拉伸负荷试验(根据安装方式确定是否进行);

    7) 雷电冲击放电电压试验;

    8) 工频耐受电压试验。

c) 例行试验项目:

    1) 残压试验;

2）直流参考电压试验；

3）0.75 倍直流参考电压下漏电流试验；

4）工频参考电压试验；

5）局部放电试验；

6）拉伸负荷试验；

7）密封试验；

8）外观检查；

9）间隙距离检查；

10）金具镀锌检查。

注 1：拉伸负荷试验也可在复合外套上进行，具体试验方法可由制造商提出。

注 2：支撑件的例行试验按绝缘子标准要求执行。

d）抽样试验项目（用于现场抽样检测）：

1）重复转移电荷试验；

2）大电流冲击耐受试验；

3）弯曲负荷试验；

4）拉伸负荷试验。

A.3.2 交流输电线路用复合外套带串联间隙金属氧化物避雷器（串联支撑件间隙，DL/T 815—2012）

依据 DL/T 815—2012，试验项目如下：

a）型式试验项目：

1）复合外套及支撑件外观检查；

2）爬电比距检查；

3）工频参考电压试验；

4）直流参考电压试验；

5）0.75 倍直流参考电压下泄漏电流试验；

6）局部放电试验；

7）无线电干扰电压试验；

8）机械性能试验；

9）密封试验；

10）湿气浸入试验；

11）气候老化试验；

12）雷电冲击放电电压试验；

13）雷电冲击伏秒特性试验；

14）工频耐受电压试验；

15）本体故障后绝缘耐受试验；

16）金具镀锌检查；

17）工频续流遮断试验；

190

18）外套绝缘耐受试验；

19）残压试验；

20）电流冲击耐受试验（包括大电流冲击耐受试验和方波冲击电流耐受试验）；

21）动作负载试验；

22）间隙距离测量；

23）支撑件工频耐受电压试验；

24）支撑件陡波冲击电压试验；

25）短路电流试验。

b）定期试验项目：

1）残压试验；

2）电流冲击耐受试验；

3）动作负载试验；

4）湿气浸入试验；

5）避雷器气候老化试验；

6）密封试验；

7）雷电冲击放电电压试验；

8）工频耐受电压试验。

c）例行试验项目：

1）复合外套及支撑件外观检查；

2）残压试验；

3）直流参考电压试验；

4）0.75 倍直流参考电压下泄漏电流试验；

5）工频参考电压和持续电流试验；

6）局部放电试验；

7）密封试验；

8）支撑件工频耐受电压试验；

9）间隙距离检查；

10）机械性能试验。

d）抽样试验项目（用于现场抽样检测）：

1）方波冲击电流耐受试验；

2）大电流冲击耐受试验；

3）密封试验；

4）机械性能试验。

A.3.3　交流输电线路用复合外套带串联间隙金属氧化物避雷器（空气间隙）

依据 GB/T 32520—2016，试验项目如下：

a）型式试验项目：

1）复合外套外观检查；

       2）工频参考电压试验；

       3）持续电流试验；

       4）直流参考电压试验；

       5）0.75 倍直流参考电压下泄漏电流试验；

       6）局部放电试验；

       7）密封试验；

       8）弯曲试验；

       9）气候老化试验；

       10）雷电冲击放电电压试验；

       11）雷电冲击伏秒特性试验；

       12）工频耐受电压试验；

       13）本体故障后绝缘耐受试验；

       14）工频续流遮断试验；

       15）外套绝缘耐受试验；

       16）残压试验；

       17）大电流冲击耐受试验；

       18）雷电放电能力试验；

       19）无线电干扰及可见电晕试验；

       20）短路电流试验。

   b）定期试验项目：

       1）残压试验；

       2）大电流冲击耐受试验；

       3）雷电放电能力试验；

       4）弯曲试验；

       5）气候老化试验。

   c）例行试验项目：

       1）复合外套外观检查；

       2）密封试验；

       3）参考电压试验；

       4）0.75 倍直流参考电压下漏电流试验；

       5）残压试验；

       6）局部放电试验。

   d）抽样试验项目（用于现场抽样检测）：

       1）大电流冲击耐受试验；

       2）雷电放电能力试验；

       3）密封试验；

       4）放电电压试验。

A.4　1000kV 交流系统用无间隙金属氧化物避雷器

1000kV 交流系统用无间隙金属氧化物避雷器包括 1000kV 交流系统用瓷外套无间隙金属氧化物避雷器和 1000kV 交流系统用复合外套无间隙金属氧化物避雷器。

A.4.1　1000kV 交流系统用瓷外套无间隙金属氧化物避雷器

依据 GB/T 24845—2018 和 GB/T 11032—2020 标准，试验项目如下：

a)　型式试验项目：

　　1)　绝缘耐受试验；

　　2)　工频参考电压试验；

　　3)　直流参考电压试验；

　　4)　持续电流试验；

　　5)　0.75 倍直流参考电压下漏电流试验；

　　6)　残压试验；

　　7)　局部放电试验；

　　8)　密封性能试验；

　　9)　多柱避雷器电流分布试验；

　　10)　长持续时间电流耐受试验；

　　11)　电压分布试验；

　　12)　加速老化试验；

　　13)　热等价试验；

　　14)　操作冲击动作负载试验；

　　15)　工频电压耐受时间特性试验；

　　16)　短路电流试验；

　　17)　弯曲耐受试验；

　　18)　弯曲破坏试验；

　　19)　抗震试验；

　　20)　无线电干扰电压试验；

　　21)　污秽试验；

　　22)　爬电距离检查；

　　23)　环境试验；

　　24)　均压电容试验；

　　25)　绝缘底座绝缘电阻试验。

b)　定期试验项目：

　　1)　残压试验；

　　2)　长持续时间电流耐受试验；

　　3)　加速老化试验；

　　4)　操作冲击动作负载试验；

　　5)　工频电压耐受时间特性试验。

c) 例行试验项目：

    1) 持续电流试验；

    2) 标称放电电流下残压试验；

    3) 工频参考电压试验；

    4) 直流参考电压试验；

    5) 0.75 倍直流参考电压下漏电流试验；

    6) 密封性能试验；

    7) 局部放电试验；

    8) 多柱避雷器电流分布试验；

    9) 绝缘底座绝缘电阻试验。

d) 抽样试验项目（用于现场抽样检测）：

    1) 长持续时间电流耐受试验；

    2) 大电流冲击耐受试验；

    3) 加速老化试验。

A.4.2　1000kV 交流系统用复合外套无间隙金属氧化物避雷器

依据 GB/T 11032—2020 和 GB/T 24845—2018 标准，试验项目如下：

a) 型式试验项目：

    1) 绝缘耐受试验；

    2) 残压试验；

    3) 长期稳定性试验（加速老化试验）；

    4) 重复转移电荷试验（长持续时间电流耐受试验）；

    5) 散热特性试验（热等价试验）；

    6) 操作冲击动作负载试验；

    7) 工频电压耐受时间特性试验；

    8) 短路电流试验；

    9) 弯曲负荷试验；

    10) 密封性能试验；

    11) 无线电干扰电压试验；

    12) 内部部件绝缘耐受试验。

    13) 内部均压部件试验（均压电容试验）；

    14) 气候老化试验；

    15) 持续电流试验；

    16) 工频参考电压试验；

    17) 直流参考电压试验；

    18) 0.75 倍直流参考电压下漏电流试验；

    19) 局部放电试验；

    20) 多柱避雷器电流分布试验；

21）电压分布试验；

22）抗震试验；

23）爬电距离检查；

24）复合外套外观检查；

25）绝缘底座绝缘电阻试验。

b）定期试验项目：

1）残压试验；

2）重复转移电荷试验（长持续时间电流耐受试验）；

3）长期稳定性试验（加速老化试验）；

4）操作冲击动作负载试验；

5）工频电压耐受时间特性试验；

6）弯曲负荷试验。

c）例行试验项目：

1）复合外套外观检查；

2）持续电流试验；

3）标称放电电流下残压试验；

4）工频参考电压试验；

5）直流参考电压试验；

6）0.75 倍直流参考电压下漏电流试验；

7）密封性能试验；

8）局部放电试验；

9）多柱避雷器电流分布试验；

10）绝缘底座绝缘电阻试验。

d）抽样试验项目（用于现场抽样检测）：

1）重复转移电荷试验（长持续时间电流耐受试验）；

2）大电流冲击耐受试验；

3）长期稳定性试验（加速老化试验）。

A.5　直流换流站用复合外套无间隙金属氧化物避雷器

依据 GB/T 22389—2008，本条款所列项目为基础要求，应根据配套直流工程需求另做特殊试验项目要求，基础试验项目如下：

a）型式试验项目：

1）复合外套外观检查；

2）爬电距离检查；

3）工频参考电压试验；

4）直流参考电压试验；

5）局部放电试验；

6） 无线电干扰电压试验；

7） 密封试验；

8） 0.75 倍直流参考电压下漏电流试验；

9） 阻性电流试验；

10） 残压试验；

11） 长持续时间电流冲击耐受试验；

12） 加速老化试验；

13） 动作负载试验；

14） 复合外套绝缘耐受试验；

15） 热机和沸水煮试验；

16） 外套的耐电痕化和蚀损试验；

17） 机械负荷试验；

18） 短路电流试验；

19） 多柱避雷器电流分布试验。

b） 定期试验项目：

1） 残压试验；

2） 长持续电流冲击耐受试验；

3） 动作负载试验（包括加速老化试验）；

4） 机械负荷试验。

c） 例行试验项目：

1） 复合外套外观检查；

2） 密封试验；

3） 工频参考电压试验；

4） 直流参考电压试验；

5） 局部放电试验；

6） 0.75 倍直流参考电压下漏电流试验；

7） 残压试验；

8） 阻性电流试验；

9） 多柱避雷器电流分布试验。

d） 抽样试验项目（用于现场抽样检测）：

1） 方波冲击电流耐受试验；

2） 大电流冲击耐受试验；

3） 加速老化试验。

A.6 直流输电线路用复合外套带串联间隙金属氧化物避雷器

依据 DL/T 2109—2020，适用于纯空气间隙线路避雷器，试验项目如下：

a） 型式试验项目：

1) 加速老化试验；

2) 直流参考电压试验；

3) 0.75 倍直流参考电压下漏电流试验；

4) 残压试验；

5) 动作负载试验；

6) 大电流冲击耐受试验；

7) 雷电放电能力；

8) 雷电冲击放电电压试验；

9) 直流耐受电压试验；

10) 操作耐受电压试验；

11) 雷电冲击伏秒特性试验；

12) 机械性能试验；

13) 密封试验；

14) 短路电流试验；

15) 爬电距离检查；

16) 外套绝缘耐受试验；

17) 本体故障后的绝缘耐受试验；

18) 局部放电试验；

19) 无线电干扰试验；

20) 气候老化试验；

21) 外观检查；

22) 金具镀锌检查。

b) 定期试验项目：

1) 残压试验；

2) 动作负载试验；

3) 雷电放电能力；

4) 机械性能试验。

c) 例行试验项目：

1) 直流参考电压试验；

2) 0.75 倍直流参考电压下漏电流试验；

3) 残压试验；

4) 密封试验；

5) 局部放电试验；

6) 外观检查；

7) 金具镀锌检查。

d) 抽样试验项目（用于现场抽样检测）：

1) 大电流冲击耐受试验；

2) 雷电放电能力。

支柱绝缘子供应商资质能力信息核实规范

目　次

支柱绝缘子供应商资质能力信息核实规范

1 范围

本文件规定了国家电网有限公司对支柱绝缘子产品供应商的资质条件及制造能力信息进行核实的依据。

本文件适用于国家电网有限公司支柱绝缘子产品供应商的信息核实工作。包括：

a) 交流 10kV 及以上、直流 ±4kV 及以上支柱瓷绝缘子；

b) 交流 10kV 及以上、直流 ±4kV 及以上支柱复合绝缘子。

2 规范性引用文件

下列文件中的内容通过文中的规范性引用而构成本文件必不可少的条款。其中，注日期的引用文件，仅该日期对应的版本适用于本文件；不注日期的引用文件，其最新版本（包括所有的修改单）适用于本文件。

GB/T 311.1 绝缘配合 第 1 部分：定义、原则和规则

GB/T 772 高压绝缘子瓷件 技术条件

GB/T 4585 交流系统用高压绝缘子的人工污秽试验

GB/T 8287.1 标称电压高于 1000V 系统用户内和户外支柱绝缘子 第 1 部分：瓷或玻璃绝缘子的试验

GB/T 8287.2 标称电压高于 1000V 系统用户内和户外支柱绝缘子 第 2 部分：尺寸与特性

GB/T 20642 高压线路绝缘子空气中冲击击穿试验

GB/T 20876.2 标称电压高于 1000V 的交流架空线路用复合绝缘子 第 2 部分：尺寸和电气特性

GB/T 21429 户外和户内电气设备用空心复合绝缘子 定义、试验方法、接收准则和设计推荐

GB/T 22707 直流系统用高压绝缘子的人工污秽试验

GB/T 24623 高压绝缘子 无线电干扰试验方法

GB/T 24839 1000kV 交流系统用支柱绝缘子技术规范

GB/T 25096 交流电压高于 1000V 变电站用电站支柱复合绝缘子 定义、试验方法及接收规则

GB/T 34939.1 ±800kV 直流支柱复合绝缘子 第 1 部分:环氧玻璃纤维实心芯体复合绝缘子

DL/T 376　复合绝缘子用硅橡胶绝缘材料通用技术条件

DL/T 1048　电力系统站用支柱复合绝缘子—定义、试验方法及接收准则

DL/T 1580　交、直流复合绝缘子用芯体技术条件

JB/T 4307　绝缘子胶装用水泥胶合剂

JB/T 8177　绝缘子金属附件热镀锌层通用技术条件

JB/T 9673　绝缘子　产品包装

JB/T 9683　绝缘子产品型号编制方法

国家电网有限公司物资采购标准（2018版）　支柱绝缘子卷

3　资质信息

3.1　企业信息

3.1.1　※基本信息

查阅营业执照。

供应商为中华人民共和国境内依法注册的法人或其他组织。

3.1.2　法定代表人/负责人信息

查阅法定代表人/负责人身份证（或护照）。

3.1.3　财务信息

查阅审计报告、财务报表，其中审计报告为具有资质的第三方机构出具。

3.1.4　资信等级证明

查阅银行或专业评估机构出具的证明。

3.1.5　注册资本和股本结构

查阅验资报告。

3.2　报告证书

3.2.1　※检测报告

查阅检测报告、送样样品生产过程记录以及其他支撑资料。

a)　检测报告出具机构为国家授权的专业检测机构或者国际专业权威机构。境内检验机构具有计量认证证书（CMA）及中国合格评定国家认可委员会颁发的实验室认可证书（CNAS），且证书附表检测范围涵盖所核实产品。境外机构出具的检测报告同时提供中文版本或经公证后的中文译本。

b)　检测报告的委托方和产品制造方是供应商自身。

c)　检测产品型号与被核实的产品相一致。

d)　国家标准、行业标准规定的检测报告有效期有差异的，以有效期短的为准；国家标准、行业标准均未明确检测报告有效期的，检测报告有效期按长期有效认定。

e)　产品检测报告的类型分为定型试验报告和委托试验报告，检测报告同时符合相应的国家标准、行业标准和国家电网有限公司物资采购标准规定。当定型试验报告不能完全符合标准规定时，不符合部分进行委托试验作为定型试验报告的

补充。委托试验的有效期与定型试验报告不一致时，以定型试验报告的有效期为准。当产品定型试验需要重做时，委托试验的试品与定型试验试品需为同一批次产品。交流 10kV～750kV 支柱瓷/复合绝缘子产品检测报告要求的试验项目和试验指标详见本规范附录 A。交流特高压支柱瓷/复合绝缘子、直流支柱瓷/复合绝缘子产品具有有效的定型试验报告。

f) 当产品是在同一工厂制造的、且具有相同的设计、结构、材料和制造工艺并符合设计试验（复合）、电气及机械型式试验等效条件时，检测方为有效。

g) 产品在设计、材料或制造工艺改变或者产品转厂生产或异地生产时，重新进行相应的定型试验。

3.2.2 鉴定证书

查阅鉴定证书。

a) 鉴定证书的委托方和产品制造方为供应商自身。

b) 鉴定证书的产品型号与被核实的产品相一致。

3.2.3 ※管理体系认证

查阅管理体系认证书。

证书在有效期内，有定期年检记录且认证范围涵盖被核实产品。

3.3 产品业绩

查阅供货合同及相对应的合同销售发票。

a) 合同的供货方和实际产品的生产方均为供应商自身。

b) 出口业绩提供报关单、中文版本或经公证后的中文译本合同，业绩电压等级与国内不同时，往下取国内最接近的电压等级。

c) 不予统计的业绩有（不限于此）：

　　1) 与同类产品制造厂之间的业绩（2015 年以后国家电网有限公司变电站整站招标的除外）；

　　2) 作为元器件、组部件的业绩；

　　3) 产品在试验室或试验站的业绩；

　　4) 供应商与经销商、代理商之间的业绩（出口业绩除外）；

　　5) 与非最终用户（即业主单位或负责所供货物运行、生产的单位以外的主体）签订的供货合同；

　　6) 出口业绩的外贸合同、发票、报关单及对应产品型号等信息资料难以核对或信息不全的。

4 设计研发能力

4.1 技术来源与支持

查阅与合作支持方的协议及设计文件图纸等相关信息。

4.2 设计研发内容

查阅新产品新材料的设计、试验、关键工艺技术、质量控制方面的研发情况。

4.3 设计研发人员

查阅设计研发部门的机构设置及人员信息。

4.4 获得专利情况

查阅与产品相关的专利证书。

4.5 参与标准制（修）订情况

查阅主持或参与制（修）订并已颁布的标准等证明材料信息，在发布的标准前言中需有被核实供应商的署名。

4.6 产品获奖情况

查阅与产品相关的省部级及以上获奖证书的相关信息。

4.7 商业信誉

查阅企业相关国家、行业或第三方发布的综合实力、品牌等排名。

5 生产制造能力

5.1 ※生产厂房

查阅土地使用权证、房屋产权证、厂房设计图纸、房屋租赁合同、用电客户编号等相关信息。

具有与产品相配套的厂房，厂房不能临时租用或借用，厂房面积、生产环境和工艺布局按从原材料、组部件到产品入库所规定的每道工序的工艺文件及工艺技术的要求合理布局，且能保证被核实产品的生产。

5.2 生产工艺

5.2.1 ※工艺控制文件

查阅供应商提供的工艺控制文件、管理体系文件等相关资料。

各工序的作业指导书、工艺控制文件齐全、统一、规范，并与现行的生产工艺一致。其工艺文件中所规定的关键技术要求和技术参数符合国家标准、电力行业标准、国家电网有限公司物资采购标准的要求。各工艺环节中无国家明令禁止的行为。

不同类型绝缘子产品主要生产工序如下：

a） 支柱复合绝缘子：配料、混炼、开炼、芯棒制作（若有）、成型（挤包穿伞工艺的护套挤包、硫化、制伞、穿伞；整体成型工艺的注射或模压）、装配、出厂试验、包装等。

注 1： 生产 500kV 及以上产品需具备混炼胶相关工序。

注 2： 对于外购混炼胶的供应商，无需炼胶相关工序，提供符合 DL/T 376 标准的试验报告。

注 3： 挤包护套采用短时加热硫化工艺的还需进行二次硫化。

b） 支柱瓷绝缘子：

1） 湿法成型：配料、球磨、除铁、榨泥、粗炼、陈腐、真空炼泥、阴干、修坯、修理、成形、干燥、坯检、上釉上砂、烧成、瓷检、打击、切割研磨、超声波探伤、法兰的缓冲层涂覆、胶合剂配制、胶装、养护、密封、出厂试验、包装等。

2) 干法成型：配料、球磨、除铁、喷雾造粒、压型、成形、坯检、上釉上砂、烧成、瓷检、打击、切割研磨、超声波探伤、法兰的缓冲层涂覆、胶合剂配制、胶装、养护、密封、出厂试验、包装等。

5.2.2 ※关键生产工艺控制

查阅供应商提供的工艺流程控制记录等相关资料。

供应商按质量管理体系规定确定关键工序并列表，关键工序符合：从原材料、组部件到产品入库所规定的每道工序的规定工艺技术成熟、稳定，保证产品生产的需要；工序的各环节按工艺文件执行，工艺控制的现场记录内容规范、详实，具有可追溯性。

5.2.3 标志标识

生产现场定置管理，有明显的标识牌，主要生产设备的操作规程图表上墙。

5.3 ※生产设备

查阅设备的现场实际情况及购买合同、发票等相关信息。

a) 具有与产品生产相适应的设备，设备自有，不能租用或借用。

b) 设备使用正常。设备上的计量仪器仪表具有有效期内的检定证书或校准证书，有明显的计量标识。建立设备管理档案（包括使用说明、台账、保养维护记录等），其维修保养等记录规范、详实，具有可追溯性。

主要生产设备如下：

a) 支柱复合绝缘子：注射成型工装设备主要有压接机、芯棒打磨机（特高压注射工艺需备）、芯棒预热设备、注射成型设备、相应模具；挤包穿伞工装设备主要有压接机、护套挤包机、伞裙成型设备、穿伞机、硫化装置等。自行炼胶的供应商需具有真空捏合机、密炼机、开炼机。

b) 支柱瓷绝缘子：

1) 湿法成型：配料装置、球磨机、振动筛、除铁器、榨泥机、真空炼泥机、成型设备、上釉上砂设备、干燥装备、窑炉、胶装装置、养护设备等。

2) 干法成型：配料装置、球磨机、振动筛、除铁器、喷雾造粒装置、等静压成形机、修坯机、上釉上砂设备、窑炉、胶装装置、养护设备等。

5.4 生产、技术、质量管理人员

查阅人力资源部门管理文件（如劳动合同、人员花名册、社保证明等），包括生产、技术、质量管理等人员数量。结合现场实际情况，观察现场人员的操作水平和判断能力。

a) 具有生产需要的专职生产人员及技术人员，且不借用其他公司的人员。一线生产人员培训上岗（有培训记录并存档），操作熟练。

b) 具有质量管理组织机构、质量管理部门及人员。

6 试验检测能力

6.1 ※试验场所

查看试验场所现场情况。

具有与产品检验相配套的试验场所，试验场所环境具备试验条件，试验场所非临时

租用或借用。

6.2 试验检测管理

查阅相关的规章制度文件、原始记录及出厂试验报告（逐个和抽样）等相关信息。具有试验室管理制度、操作规程、试验标准，并在操作过程中严格按照规程执行。

6.3 ※试验检测设备

查阅设备的现场实际情况及购买合同、发票、计量检定/校准证书等相关信息。

a) 逐个试验和抽样试验的设备齐全（试验在本单位进行），检测要求符合国家标准、行业标准和国家电网有限公司物资采购标准的规定，不能租用、借用其他公司的设备，试验检测设备应符合附录 B。

b) 试验设备的量程和精度符合被测试验数据有效性的要求，如机械力测量的容许偏差在±1%之内，电压测量的容许偏差在±3%之内。

c) 设备使用正常，相关的测量系统及仪器、仪表具有计量检定/校准证书，并处于有效期内，计量标识清晰醒目易辨识。建立设备管理档案（包括使用说明、台账、保养维护记录等），其维修保养等记录规范、详实，具有可追溯性。

6.4 ※试验检测人员

查阅人力资源部门管理文件（如劳动合同、人员花名册等）、人员资质证书及培训记录。

试验人员能独立完成试验，操作熟练，能理解并掌握相关国家标准、电力行业标准和国家电网有限公司物资采购标准的有关规定，并具有一定的试验结果分析能力。

高电压试验人员至少有 2 人，经培训考核，持证上岗。

6.5 现场抽样

6.5.1 抽查出厂试验报告及原始记录

抽查出厂试验报告及原始记录，出厂试验报告及原始记录完整、正确，存档管理。

6.5.2 ※抽样检测

原则上现场应对与被核实产品相同或相近型式的产品进行抽样检验。样品应在供应商声明的合格产品中抽取，抽样检验项目一般在出厂试验项目中选取。抽样检验重点核实供应商试验方法、试验场地环境、人员操作能力、仪器设备有效性和产品性能等方面。

现场抽样检测应符合以下要求：

a) 现场抽样仅对具有有效型式试验报告的产品进行抽样试验，抽样试验设备的计量检定/校准证书在有效期内。

b) 现场随机抽取产品型号和种类均需有代表性，如有 3 种及以上型号的产品，抽取不少于 3 种型号产品，试验结果符合国家标准、行业标准和国家电网有限公司物资采购标准并一次性通过。

c) 试验顺序从低吨位、低电压等级开始做起，向高吨位、高电压等级进行。如低吨位、低电压等级产品抽样试验结果不合格，试验不再继续进行。

d) 现场抽样检测项目、试品数量应符合附录 C。

7 原材料/组部件管理

7.1 ※管理规章制度

查阅原材料/组部件管理规章制度。

a) 进厂检验制度及其他原材料/组部件管理制度和执行记录。

b) 具有主要原材料/组部件供应商评估筛选制度和执行记录。

各类型绝缘子主要原材料/组部件包括：

a) 支柱复合绝缘子：环氧树脂玻璃纤维芯体、硅橡胶、※气相法白炭黑、氢氧化铝粉、金属附件等。

b) 支柱瓷绝缘子：氧化铝粉或铝钒土、长石粉、黏土、石英粉、金属附件、水泥等。

7.2 ※管理控制情况

7.2.1 原材料/组部件管理实际执行情况

原材料/组部件应符合以下要求：

a) 设计采用的原材料/组部件无国家明令禁止的。

b) 按工艺文件所规定的技术要求和相应管理文件采购，有原材料/组部件供应商的评估筛选记录。主要原材料/组部件供应商变更有相应的报告，并在相关工艺文件中说明。

c) 按质量管理程序规定进行进厂检验，验收合格后入库，检测记录完整详实，具有可追溯性。

d) 物资仓库有足够的存储空间和适宜的环境，实行定置管理，分类独立存放，标识清晰、正确、规范、合理。

e) 原材料/组部件使用现场记录内容规范、详实，具有可追溯性。

7.2.2 原材料/组部件检测设备

原材料/组部件检测设备应符合附录 D。

8 数智制造

应用互联网和物联网技术，打造"透明工厂"，生产制造、试验检验、原材料/组部件管理等信息对买方公开，接入国家电网电工装备智慧物联平台。

加强数字基础设施建设，推动数字技术与先进制造技术融合发展。供应商相关业务数据、原材料/组部件检验数据、生产过程检验数据、出厂试验数据、成品信息数据和视频数据等支持自动采集或系统推送。数据接口需保障数据完整性、正确性、安全性，具有可扩展性、通信实时性等。

9 绿色发展

查看供应商资源能源消耗情况、战略体系、绿色认证及其他支撑材料，包括：

a) 相关油、水、气、煤及电力、热力等能源消耗，建立能源利用统计报表制度，分析生产经营环节能源利用情况。

b) 相关绿色工厂认证、绿色产品标识、绿色供应链管理等相关资质文件。

c) 将绿色发展理念融入战略体系中，并形成明确的绿色发展目标，制定详实且具有操作性的实施路径。

d) 建立、实施并保持支撑企业绿色低碳发展的绿色管理体系情况，包括但不限于能源管理体系、碳排放管理体系、能源计量管理体系等。

e) 使用无害原材料，禁止使用国家明令禁止的淘汰设备、工艺技术等，并应用国家鼓励的节能设备与先进工艺技术情况。

f) 建立完善的绿色采购管理制度，推广绿色包装材料应用，并建立系统的循环利用体系，实施绿色制造情况。

g) 生产环节的大气污染物排放、水体污染物排放、固体废弃物排放、噪声排放等基础排放符合相关国家标准及地方标准要求情况。

10 售后服务及产能

10.1 售后服务

查阅管理文件、组织机构设置、人员档案及售后服务记录等相关信息，查阅以往的售后服务记录，记录完整规范，具有可追溯性。

10.2 产品产能

通过现场实际情况，根据产品生产产能的瓶颈进行判断。

a) 不同产品的产能瓶颈主要考虑以下设备和工装情况：

    1) 支柱复合绝缘子：注射成型机或模压成型机的工位数量和工人熟练程度。

    2) 支柱瓷绝缘子：窑炉的容积、数量及胶装生产线。

b) 支柱复合绝缘子年产能计算公式：

$$y = ab \times 300 \times 24 \times 60/(cd) \tag{1}$$

式中：

a——适用于该等级绝缘子的注射机数量；

b——单模出数；

c——注射段数；

d——注射时间（min）；

y——设计年生产能力。

c) 支柱瓷绝缘子年产能计算公式：

$$y = jkmn \times 300/p + qrst \times 300 \tag{2}$$

式中：

j——适合该等级绝缘子的窑炉总容积（m^3）（瓷—抽屉窑）；

k——单位体积装载量（片/m^3）（瓷—抽屉窑）；

m——瓷件合格率（%）（瓷—抽屉窑）；

n——成品合格率（%）（瓷—抽屉窑）；

p——烧成周期（天）（瓷—抽屉窑）；

q——每日出窑车辆总数（辆/天）（瓷—隧道窑）；

r——每窑车产品装载量（片/车）（瓷—隧道窑）；

s——瓷件合格率（%）（瓷—隧道窑）；

t——成品合格率（%）（瓷—隧道窑）。

本文件中所有核实内容都将对供应商参与招投标活动有重要影响，其中标记"※"的内容是以往招标必备项的要求，也是重点核实内容，其他未标记"※"的为一般核实内容。

附 录 A
试验报告包含试验项目

A.1 交流 10kV～750kV 支柱复合绝缘子

A.1.1 ※定型试验试验项目（参见 GB/T 25096—2010）

交流 10kV～750kV 支柱复合绝缘子定型试验项目如下：

a） 设计试验：

　　1） 界面和端部装配件连接试验。

　　2） 装配后的芯体负荷试验。

　　3） 伞和伞套材料试验。

　　4） 芯体材料试验。

　　5） 伞套材料耐漏电起痕性和耐电蚀损试验。

b） 型式试验：

　　1） 尺寸检查。

　　2） 电气试验：① 干雷电冲击电压试验；② 湿工频耐受电压试验。

　　3） 机械试验：① 弯曲破坏负荷试验；② 规定拉伸负荷试验；③ 压缩和挠曲耐受负荷试验（协议项目）。

c） 抽样试验：

　　1） 尺寸检查。

　　2） 镀锌层试验。

　　3） 规定机械负荷验证：① 规定弯曲负荷（SCL）验证；② 规定拉伸负荷（STL）验证。

d） 逐个试验：

　　1） 电站支柱绝缘子的标志。

　　2） 外观检查。

　　3） 拉伸负荷试验。

A.2 交流 10kV～750kV 支柱瓷绝缘子

A.2.1 ※定型试验项目（参见 GB/T 8287.1—2008）

交流 10kV～750kV 支柱瓷绝缘子定型试验项目如下：

a） 型式试验：

　　1） 雷电冲击干耐受电压试验；

　　2） 操作冲击干耐受电压试验（户内、对于系统最高电压≥363kV 的绝缘子）；

　　3） 操作冲击湿耐受电压试验（户外、对于系统最高电压≥363kV 的绝缘子）；

　　4） 工频干耐受电压试验（户内）；

5) 工频湿耐受电压试验（户外）；

6) 人工污秽耐受试验（户外）；

7) 机械破坏负荷试验。

b) 抽样试验：

1) 尺寸检查；

2) 温度循环试验；

3) 机械破坏负荷试验；

4) 孔隙性试验；

5) 镀锌层试验。

c) 逐个试验：

1) 外观检查；

2) 高度检查；

3) 超声波探伤检查（仅对胶装前绝缘件）；

4) 逐个机械试验。

注：打击试验为支柱绝缘子瓷件的一种有效逐个试验方法，其试验方法由企业自行确定。

A.2.2 委托试验试验项目（参见《国家电网有限公司物资采购标准（2018 版）绝缘子卷》）

交流 10kV～750kV 支柱瓷绝缘子委托试验项目如下：

a) 无线电干扰及可见电晕试验（对于系统最高电压 1100kV）；

b) 负荷下偏移试验（协议项目，特高压 1100kV 除外，见 GB/T 24839—2018）。

附 录 B
不同类型绝缘子的检测设备

不同类型绝缘子的检测设备符合表 B.1，其中标*为主要设备。

表 B.1 不同类型绝缘子的检测设备

序号	检测设备
一、支柱复合绝缘子	
1	*冲击电压发生器及陡波测量系统
2	*锌层测厚仪
3	*抗弯试验机
4	*抗扭试验机
5	*拉力试验机
6	*尺寸及形位公差检查器具
7	憎水性测试仪
8	可燃性测试仪
9	*整柱抗弯试验设备、抗扭试验设备
10	*护套厚度测试器具（适用于特高压绝缘子）
11	*工频试验装置（适用于特高压绝缘子）
12	测温仪
二、支柱瓷绝缘子	
1	*尺寸及形位公差测试平台
2	*温度循环试验装置
3	*整柱抗弯试验设备
4	*孔隙性试验设备
5	*锌层厚度测试仪
6	*抗扭试验机（适用于特高压绝缘子）

附 录 C
现场抽样检测项目、试品数量

C.1 交流支柱复合绝缘子

交流支柱复合绝缘子现场抽样检测项目、试品数量如下：

a） 试品数量：现场随机抽样试品 3 柱，其中样本数量 $E_1=2$、$E_2=1$，母本数量不少于被抽样试品数量的 2 倍。

b） 抽样检测项目应符合表 C.1。

表 C.1 抽 样 检 测 项 目

项目序号	试验项目名称		试验依据	抽样数量 支	接收判据
1	尺寸及形位公差检查		GB/T 25096	E_1+E_2	GB/T 25096 及图样
2	镀锌层试验		GB/T 25096	E_1+E_2	GB/T 25096 及图样
3	规定机械负荷验证试验	规定拉伸负荷（STL）验证试验	GB/T 25096	$E_1/2$	GB/T 25096
		规定弯曲负荷（SCL）验证试验	GB/T 25096	$E_1/2$（规定拉伸负荷（STL）验证试验后的另 $E_1/2$）	GB/T 25096
		弯曲破坏负荷试验	GB/T 25096	$E_1/2$（规定拉伸负荷（STL）验证试验后的另 $E_1/2$）	GB/T 25096
4	护套最小厚度检查		招标技术规范	E_1	招标技术规范
5	2.0 倍的 MSP 内压耐受试验		GB/T 21429	E_2	GB/T 21429
注：第 5 项仅对空心复合支柱绝缘子。					

C.2 交流支柱瓷绝缘子

交流支柱瓷绝缘子现场抽样检测项目、试品数量如下：

a） 试品数量：现场随机抽样试品 1 柱＋1 只上元件，母本数量不少于被抽样试品数量的 3 倍。

b） 抽样检测项目符合表 C.2。

表 C.2　抽 样 检 测 项 目

项目序号	试验项目名称		试验依据	抽样数量 支	接收判据
1	尺寸及形位偏差检查		GB/T 8287.1	1柱	GB/T 8287.1
2	镀锌层试验		GB/T 8287.1	1柱	GB/T 8287.1
3	温度循环试验		GB/T 8287.1	1柱+1只上元件	GB/T 8287.1
4	机械破坏负荷试验	扭转负荷（SCL）试验	GB/T 8287.1	上元件	GB/T 8287.1
		弯曲破坏负荷试验（整柱）	GB/T 8287.1	1柱	GB/T 8287.1
5	孔隙性试验		GB/T 8287.1	1柱	GB/T 8287.1
注：孔隙性试验在被破坏节和最粗节各取两块瓷块进行试验。					

附　录　D
不同类型绝缘子的原材料/组部件检测设备

不同类型绝缘子的原材料/组部件检测设备应符合表 D.1，其中标*为主要设备。

表 D.1　不同类型绝缘子的原材料/组部件检测设备

序号	检测设备
一、支柱复合绝缘子	
1	*伞套材料耐漏电起痕和电蚀损试验设备（对于直流特高压以及交流系统电压≥330kV 的绝缘子）
2	*硅橡胶击穿场强测试设备（对于直流特高压以及交流系统电压≥330kV 的绝缘子）
3	超高阻计（对于特高压绝缘子为必备设备）
4	*硅橡胶万能材料试验设备（抗撕裂强度、机械扯断强度、拉断伸长率）（对于直流特高压以及交流系统电压 U_m≥330kV 的绝缘子）
5	硅橡胶邵氏硬度测试仪（对于特高压绝缘子为必备设备）
6	硅橡胶硫化仪（对于特高压绝缘子为必备设备）
7	*硅橡胶憎水性测试装置
8	硅橡胶可燃性测试仪（对于特高压绝缘子为必备设备）
9	硅橡胶电阻率试验设备（对于特高压绝缘子为必备设备）
10	芯棒吸水率试验设备（对于特高压绝缘子为必备设备）
11	芯棒巴氏硬度试验设备（对于特高压绝缘子为必备设备）
12	芯棒拉伸强度试验设备（对于特高压绝缘子为必备设备）
13	芯棒耐应力腐蚀试验设备（对于特高压绝缘子为必备设备）
14	*芯棒染料渗透试验设备
15	*芯棒水扩散试验设备
16	*工频试验成套装置
二、支柱瓷绝缘子	
1	*打击试验工具
2	*瓷件超声波探伤仪

母线供应商资质能力
信息核实规范

目　　次

母线供应商资质能力信息核实规范

1 范围

本文件规定了国家电网有限公司对母线类产品供应商的资质条件及制造能力信息进行核实的依据。

本文件适用于国家电网有限公司母线产品供应商的信息核实工作。包括：

a) 10kV～35 kV 封闭绝缘母线；

b) 管状母线。

2 规范性引用文件

下列文件中的内容通过文中的规范性引用而构成本文件必不可少的条款。其中，注日期的引用文件，仅该日期对应的版本适用于本文件；不注日期的引用文件，其最新版本（包括所有的修改单）适用于本文件。

GBJ 149　电气装置安装工程　母线装置施工及验收规范

GB/T 228　金属材料　室温拉伸试验方法

GB/T 311.1　高压输变电设备的绝缘配合

GB/T 321　优先数和优先数系

GB/T 1196　重熔用铝锭

GB/T 3048　电线电缆电性能试验方法

GB/T 3190　变形铝及铝合金化学成分

GB/T 4909　裸电线试验方法

GB/T 5121.1　铜及铜合金化学分析方法

GB/T 5582　高压电力设备外绝缘污秽等级

GB 5585　电工用铜、铝及其合金母线

GB/T 6893　铝及铝合金拉（轧）制管材

GB/T 6987　铝及铝合金化学分析方法

GB/T 7354　局部放电测量

GB/T 11022　高压开关设备和控制设备标准的共用技术要求

GB/T 11604　高压电器设备无线电干扰测试方法

GB/T 12706.4　额定电压 1kV（$U_m = 1.2$kV）～35kV（$U_m = 40.5$kV）挤包绝缘电力电缆及附件　第 4 部分：额定电压 6kV（$U_m = 7.2$kV）～35kV（$U_m = 40.5$kV）电力电缆附件试验要求

GB/T 16927 高电压试验技术

GB/T 18889 额定电压 6kV（U_m=7.2kV）～35kV（U_m=40.5kV）电力电缆附件试验方法

GB/T 27676 铝及铝合金管形导体

GB 50149 电气装置安装工程母线装置施工及验收规范

GB 50150 电气装置安装工程电气设备交接试验

DL/T 1658 35kV 及以下固体绝缘管型母线

Q/GDW 11646 7.2kV～40.5kV 绝缘管型母线技术规范

3 资质信息

3.1 企业信息

3.1.1 ※基本信息

查阅营业执照。

供应商为中华人民共和国境内依法注册的法人或其他组织。

3.1.2 法定代表人/负责人信息

查阅法定代表人/负责人身份证（或护照）。

3.1.3 财务信息

查阅审计报告、财务报表，其中审计报告为具有资质的第三方机构出具。

3.1.4 资信等级证明

查阅银行或专业评估机构出具的证明。

3.1.5 注册资本和股本结构

查阅验资报告。

3.2 ※报告证书

3.2.1 ※检测报告

查阅检测报告、送样样品生产过程记录以及其他支撑资料。检测报告符合以下要求：

a) 检测报告出具机构为国家授权的专业检测机构。

封闭绝缘母线：检测机构具有计量认证证书（CMA）及中国合格评定国家认可委员会颁发的实验室认可证书（CNAS），且证书附表检测范围涵盖被核实产品的试验项目。

b) 检测报告的委托方和产品制造方是供应商自身。

c) 试验产品型号与被核实的产品相一致。

d) 封闭绝缘母线：不同型式（型式是指额定电压、额定电流、绝缘成型工艺）、不同材质母线的试验报告不可相互代替；

管状母线：不同型式（型式是指规格、状态、合金牌号）、不同材质的试验报告不可相互代替。

e) 产品的检测报告符合国家电网有限公司物资采购标准规定的试验项目和试验数值的要求。型式试验报告项目符合附录 A。

f) 试验项目齐全。

封闭绝缘母线：对于电气型式试验，试验对象为绝缘管型母线系统。该系统包含：至少一段直线段绝缘管型母线，一段具有 90°弯的绝缘管型母线，中间接头，终端，以及为了构成回路而需要的软连接，整个系统（两个终端之间）的回路长度不小于 8m。导电管接高压，每段绝缘管型母线和中间接头的金属屏蔽层接地。对于非电气型式试验，试验对象为绝缘管型母线本体，需在完成电气型式试验的样品上取样进行。管状母线：试验项目在同一规格产品上完成。

g) 当产品的原材料、制造工艺、设计、结构及生产条件发生变化可能改变其特性时，须重新进行完整的型式试验。

h) 国家标准、行业标准规定的检测报告有效期有差异的，以有效期短的为准；国家标准、行业标准均未明确检测报告有效期的，检测报告有效期按长期有效认定。

3.2.2 ※管理体系认证

查阅管理体系认证证书，具有质量管理体系证书，证书在有效期内，有定期年检记录且认证范围涵盖被核实产品。

3.3 产品业绩

查阅供货合同及相对应的合同销售发票。

a) 合同的供货方和实际产品的生产方均为供应商自身。

b) 出口业绩提供报关单、中文版本或经公证后的中文译本合同，业绩电压等级与国内不同时，往下取国内最接近的电压等级。

c) 不予统计的业绩有（不限于此）：

1) 与同类产品制造厂之间的业绩（2015 年以后国家电网有限公司变电站整站招标的除外）；

2) 作为元器件、组部件的业绩；

3) 供应商与经销商、代理商之间的业绩（出口业绩除外）。

4 设计研发能力

4.1 技术来源与支持

查阅与合作支持方的协议及设计文件图纸等相关信息。

4.2 设计研发内容

查阅产品/材料的设计、试验、关键工艺技术、质量控制方面的情况。

4.3 设计研发人员

查阅设计研发部门的机构设置及人员信息。

4.4 获得专利情况

查阅与产品相关的专利证书。

4.5 参与标准制（修）订情况

查阅主持或参与制（修）订并已发布的标准及相关证明材料信息。

4.6 产品获奖情况

查阅与产品相关的获奖证书的相关信息。

4.7 商业信誉

查阅企业相关国家、行业或第三方发布的综合实力、品牌等排名。

5 生产制造能力

5.1 ※生产厂房

查阅不动产权证书、土地使用权证、房屋产权证、厂房设计图纸、房屋租赁合同、用电客户编号等相关信息。

具有独立封闭的厂房，不能借用、临时租用其他公司的厂房，如长期租用提供租赁合同等相关证明文件。厂房面积、生产环境和工艺布局能满足被核实产品的生产要求，并有措施保障人员及产品或组部件的进出满足被核实产品的生产要求。

5.2 ※生产工艺

查阅供应商提供的工艺控制文件、管理体系文件及工艺流程控制记录等相关信息。

5.2.1 工艺控制文件

具有完整的工艺控制文件体系，各工序的作业指导书、工艺控制文件齐全、统一、规范。工艺文件中所规定的关键技术要求和技术参数不低于国家标准、电力行业标准、国家电网有限公司物资采购标准的规定。各工艺环节中无国家明令禁止的行为。主要工艺环节包括：

封闭绝缘母线：绝缘、焊接、折弯、接头、终端等；

管状母线：轧拉或挤压等。

5.2.2 关键生产工艺控制

产品工艺技术成熟、稳定。从原材料、组部件到产品入库所规定的每道工序的工艺技术能保证产品生产的需要。生产产品的各个工序按工艺文件执行，现场记录内容规范、详实，具有可追溯性。现场定置管理，有明显的标识牌，主要生产设备的操作规程图表上墙。

5.3 ※生产设备

查阅设备的现场实际情况及购买合同、发票等相关信息。

a) 具有与被核实产品生产相适应的设备，不能租用或借用。主要生产设备如下：

封闭绝缘母线：绝缘成型设备、弯管设备、机加工设备、焊接设备等；

管状母线—轧拉工艺：铸管加温炉、机加工设备(至少包含轧机、制头机、拉伸机、校直机、裁切机）等；管状母线—挤压工艺：铸棒加温炉、机加工设备（至少包含挤压机、校直机、裁切机，）时效炉等。

b) 设备使用正常，维修保养记录齐全，设备上的计量仪器、仪表具有检定报告，并在检定合格期内。

5.4 生产、技术、质量管理人员

查阅人力资源部门管理文件（如劳动合同、人员花名册、社保证明等），包括生产、

技术、质量管理等人员数量。结合现场实际情况，观察现场人员的操作水平。

    a)   具有生产需要的专职生产人员及技术人员，且不得借用其他公司的。一线生产人员培训上岗，操作熟练。

    b)   具有质量管理组织机构、质量管理部门及人员。

    c)   具有人员培训记录、上岗资格证书等。

6　试验检测能力

6.1　※试验场所

查看试验场所现场情况。

具有与试验产品相配套的试验场所，不能租用、借用其他公司的试验场所，或委托其他单位进行例行试验。试验场所环境满足全部例行试验要求，具备完成全部例行试验的能力。例行试验项目符合附录B。其他要求如下：

封闭绝缘母线：现场实际检测局部放电背景噪声满足相关标准要求。

6.2　※试验检测管理

查阅相关的规章制度文件、原始过程记录及出厂试验报告等相关信息。

具有试验室管理制度、操作规程、试验标准，并在操作过程中严格按照规程执行。

6.3　※试验检测设备

查阅设备的现场实际情况及购买发票等相关信息。

    a)   具有主要原材料组部件入厂检验的试验设备；设备齐全，满足进行国家标准、电力行业标准、国家电网有限公司物资采购标准所规定的例行试验的要求，例行试验不能委托其他单位进行。主要试验设备包括：

        封闭绝缘母线：局部放电试验设备、工频耐压试验设备、介质损耗测量设备等；

        管状母线：光谱仪、拉力机等。

    b)   设备使用正常，具有检定报告，并在检定合格期内。建立设备管理档案（包括使用说明、台账、保养维护记录等），其维修保养等记录规范、详实，具有可追溯性。强检计量仪器、设备具有相应资格单位出具的有效检定证书。

6.4　※试验检测人员

查阅人力资源部门管理文件（如劳动合同、人员花名册等）、人员资质证书及培训记录。

试验人员能独立完成试验，操作熟练，能理解或掌握相关国家标准、电力行业标准和国家电网有限公司物资采购标准的有关规定，并具有一定的试验结果分析能力。高电压试验现场具有2名及以上试验人员，高电压试验人员经过培训考核持证上岗。

6.5　※现场抽样

6.5.1　抽查出厂试验报告

试验报告中试验项目齐全、数据准确无误，存档管理规范，具有可追溯性。试验原始记录保存纸质文件，并有试验人员的签字。

6.5.2　抽样检测

原则上现场应对与被核实产品相同或相近型式的产品进行抽样检验。样品应在供应商声明的合格产品中抽取，抽样检验项目一般在出厂试验项目中选取。抽样检验重点核实供应商试验方法、试验场地环境、人员操作能力、仪器设备有效性和产品性能等方面。

产品数量满足现场抽样检测要求，试验结果满足相关标准并一次通过。现场抽样试验项目如下：

封闭绝缘母线：试验产品至少含有直线段、90°弯曲段、接头、终端等部分，试验项目为外形尺寸和外观质量检查、工频耐压试验、局部放电试验、$\tan\delta$测量；

管状母线：外形尺寸和外观质量检查、化学成分分析、拉力试验。

7 原材料/组部件管理

7.1 ※管理规章制度

查阅原材料/组部件管理规章制度。

a) 具有原材料/组部件管理制度及入厂检验规程。

b) 具有主要原材料/组部件供应商管理制度，外购原材料/组部件供应商通过质量管理体系认证。

c) 具有原材料/组部件仓储管理制度，具有可追溯的原材料/组部件使用记录，记录规范完整。

7.2 ※管理控制情况

查阅原材料/组部件管理规程、设计图纸、采购合同等相关信息。

a) 查阅主要原材料/组部件供应商出具的检测报告，包括：

封闭绝缘母线：导体、屏蔽料、绝缘料、护套材料等；

管状母线：铝锭或铝合金管（棒）等。

b) 查阅主要原材料/组部件的入厂检验报告，原材料/组部件按照入厂检验规程严格执行，记录明确。入厂检验规程所规定的检验项目、检验方法和检测结果满足国家标准、电力行业标准、国家电网有限公司物资采购标准要求。对于无标准要求的原材料/组部件的入厂检验，参照相关标准要求对原材料/组部件的主要质量特性进行检验。

c) 原材料/组部件供应商变更时，具有相应的报告，并在相关工艺文件中说明，保存相应的检验记录。

d) 原材料/组部件具有相对独立的存放区域和适宜的环境，定置管理，标识清晰、正确、规范、合理。

e) 设计所采用的原材料/组部件无国家明令禁止的。

f) 封闭绝缘母线绝缘料、屏蔽料等原材料在有效期内使用。

8 数智制造

应用互联网和物联网技术，打造"透明工厂"，生产制造、试验检验、原材料/组部件管理等信息对买方公开，接入国家电网电工装备智慧物联平台。

加强数字基础设施建设，推动数字技术与先进制造技术融合发展。供应商相关业务数据、原材料/组部件检验数据、生产过程检验数据、出厂试验数据、成品信息数据和视频数据等支持自动采集或系统推送。数据接口需保障数据完整性、正确性、安全性，具有可扩展性、通信实时性等。

9　绿色发展

查看供应商资源能源消耗情况、战略体系、绿色认证及其他支撑材料，包括：

a）　相关油、水、气、煤及电力、热力等能源消耗，建立能源利用统计报表制度，分析生产经营环节能源利用情况。

b）　相关绿色工厂认证、绿色产品标识、绿色供应链管理等相关资质文件。

c）　将绿色发展理念融入战略体系中，并形成明确的绿色发展目标，制定详实且具有操作性的实施路径。

d）　建立、实施并保持支撑企业绿色低碳发展的绿色管理体系情况，包括但不限于能源管理体系、碳排放管理体系、能源计量管理体系等。

e）　使用无害原材料，禁止使用国家明令禁止的淘汰设备、工艺技术等，并应用国家鼓励的节能设备与先进工艺技术情况。

f）　建立完善的绿色采购管理制度，推广绿色包装材料应用，并建立系统的循环利用体系，实施绿色制造情况。

g）　生产环节的大气污染物排放、水体污染物排放、固体废弃物排放、噪声排放等基础排放符合相关国家标准及地方标准要求情况。

10　售后服务及产能

10.1　售后服务

查阅管理文件、组织机构设置、人员档案及售后服务记录等相关信息，查阅以往的售后服务记录，记录完整规范，具有可追溯性。

10.2　产品产能

产品产能根据现场实际情况及供应商提供的产能计算报告，参考附录C进行核定。

本文件中所有核实内容都将对供应商参与招投标活动有重要影响，其中标记"※"的内容是以往招标必备项的要求，也是重点核实内容，其他未标记"※"的为一般核实内容。

附 录 A

试 验 报 告 项 目

A.1 封闭绝缘母线试验项目及顺序

封闭绝缘母线试验报告项目如下：

a) 工频耐压试验（干态）；

b) 工频耐压试验（湿态）；

c) 局部放电试验；

d) $\tan\delta$ 测量（常温、高温）；

e) 热循环试验及随后的局部放电试验；

f) 雷电冲击电压试验及随后的工频电压试验；

g) 短时耐受电流和峰值耐受电流试验及随后的局部放电试验；

h) 温升试验；

i) 试品解体检查；

j) 非电气型式试验。

A.2 管状母线试验项目

管状母线试验报告项目如下：

a) 化学成分分析；

b) 尺寸及偏差：外径、壁厚；

c) 室温拉伸力学性能：抗拉强度、断后伸长率；

d) 电导率；

e) 显微组织。

附　录　B
例　行　试　验

B.1　封闭绝缘母线试验项目

封闭绝缘母线例行试验项目如下：

a)　外形尺寸和外观质量检查；

b)　工频耐压试验（干态）；

c)　局部放电试验；

d)　$\tan\delta$ 测量。

B.2　管状母线试验项目

管状母线例行试验项目如下：

a)　外形尺寸和外观质量检查；

b)　化学成分分析；

c)　拉力试验。

附 录 C
产 能 计 算 参 考

C.1 封闭绝缘母线产能

封闭绝缘母线产能如下：

a) 浇注工艺单台生产线年生产能力为 6600m；

b) 挤包工艺单台生产线年生产能力为 14000m；

c) 绕包工艺单台生产线年生产能力为 1800m。

C.2 管状母线产能

管状母线产能按生产瓶颈计算。

35kV 及以上电缆供应商资质
能力信息核实规范

目　　次

35kV 及以上电缆供应商资质能力信息核实规范

1 范围

本文件规定了国家电网有限公司对电缆产品供应商的资质条件及制造能力信息进行核实的依据。

本文件适用于国家电网有限公司 35kV 及以上电缆产品供应商的信息核实工作。

2 规范性引用文件

下列文件中的内容通过文中的规范性引用而构成本文件必不可少的条款。其中，注日期的引用文件，仅该日期对应的版本适用于本文件；不注日期的引用文件，其最新版本（包括所有的修改单）适用于本文件。

GB/T 311.1 绝缘配合 第 1 部分：定义、原则和规则

GB/T 468 电工用铜线锭

GB/T 2952.1 电缆外护层 第 1 部分：总则

GB/T 2952.2 电缆外护层 第 2 部分：金属套电缆外护层

GB/T 3953 电工圆铜线

GB/T 3956 电缆的导体

GB/T 26218 污秽条件下使用的高压绝缘子的选择和尺寸确定

GB/T 6995.1 电线电缆识别标志方法 第 1 部分：一般规定

GB/T 6995.3 电线电缆识别标志方法 第 3 部分：电线电缆识别标志

GB/T 7354 高电压试验技术 局部放电测量

GB/T 8287 标称电压高于 1000V 系统用户内和户外支柱绝缘子

GB/T 11017.1 额定电压 110kV（$U_m = 126kV$）交联聚乙烯绝缘电力电缆及其附件 第 1 部分：试验方法和要求

GB/T 11017.2 额定电压 110kV（$U_m = 126kV$）交联聚乙烯绝缘电力电缆及其附件 第 2 部分：电缆

GB/T 11604 高压电器设备无线电干扰测试方法

GB/T 12706.3 额定电压 1kV（$U_m = 1.2kV$）到 35kV（$U_m = 40.5kV$）挤包绝缘电力电缆及其附件 第 3 部分：额定电压 35kV（$U_m = 40.5kV$）电缆

GB/T 14315 电力电缆导体用压接型铜、铝接线端子和连接管

GB/T 18890.1 额定电压 220kV（$U_m = 252kV$）交联聚乙烯绝缘电力电缆及其附件 第 1 部分：试验方法和要求

GB/T 18890.2　额定电压 220kV$(U_\mathrm{m}=252$ kV)交联聚乙烯绝缘电力电缆及其附件 第 2 部分：电缆

GB/T 19666　阻燃和耐火电线电缆或光缆通则

GB/T 21429　户外和户内电气设备用空心复合绝缘子　定义、试验方法、接收准则和设计推荐

GB/T 22078.1　额定电压 500kV$(U_\mathrm{m}=550$kV)交联聚乙烯绝缘电力电缆及其附件 第 1 部分：额定电压 500kV$(U_\mathrm{m}=550$kV)交联聚乙烯绝缘电力电缆及其附件—试验方法和要求

GB/T 22078.2　额定电压 500kV$(U_\mathrm{m}=550$kV)交联聚乙烯绝缘电力电缆及其附件 第 2 部分：额定电压 500kV$(U_\mathrm{m}=550$kV)交联聚乙烯绝缘电力电缆

GB/T 31489.1　额定电压 500kV 及以下直流输电用挤包绝缘电力电缆系统　第 1 部分：试验方法和要求

GB/T 31489.2　额定电压 500kV 及以下直流输电用挤包绝缘电力电缆系统　第 2 部分：直流陆地电缆

GB/T 31489.3　额定电压 500kV 及以下直流输电用挤包绝缘电力电缆系统　第 3 部分：直流海底电缆

GB/T 32346.1　额定电压 220kV$(U_\mathrm{m}=252$kV)交联聚乙烯绝缘大长度交流海底电缆及附件　第 1 部分：试验方法和要求

GB/T 32346.2　额定电压 220kV$(U_\mathrm{m}=252$kV)交联聚乙烯绝缘大长度交流海底电缆及附件　第 2 部分：大长度交流海底电缆

GB/T 41629.1　额定电压 500kV$(U_\mathrm{m}=550$kV)交联聚乙烯绝缘大长度交流海底电缆及附件　第 1 部分：试验方法和要求

GB/T 41629.2　额定电压 500kV$(U_\mathrm{m}=550$kV)交联聚乙烯绝缘大长度交流海底电缆及附件　第 2 部分：大长度交流海底电缆

JB/T 11167.1　额定电压 10kV$(U_\mathrm{m}=12$kV)至 110kV$(U_\mathrm{m}=126$kV)交联聚乙烯绝缘大长度交流海底电缆及附件　第 1 部分：试验方法和要求

JB/T 11167.2　额定电压 10kV$(U_\mathrm{m}=12$kV)至 110kV$(U_\mathrm{m}=126$kV)交联聚乙烯绝缘大长度交流海底电缆及附件　第 2 部分：额定电压 10kV$(U_\mathrm{m}=12$kV)至 110kV$(U_\mathrm{m}=126$kV)交联聚乙烯绝缘大长度交流海底电缆

IEC 60287　电缆额定电流的计算

IEC 62271-209　高压开关和控制设备　第 209 部分：额定电压 52kV 以上气体绝缘金属封闭开关的电缆连接　充流体的及挤包绝缘电缆——充流体的和干式电缆—终端

国家电网有限公司企业标准和物资采购标准（2018 版）　电缆卷

国家电网有限公司企业标准和物资采购标准（2018 版）　电缆附件卷

Q/GDW 13281.1　330kV 电力电缆系统采购标准　第 1 部分：通用技术规范

Q/GDW 13281.2　330kV 电力电缆系统采购标准　第 2 部分：专用技术规范

3 资质信息

3.1 企业信息

3.1.1 ※基本信息

查阅营业执照。

供应商为中华人民共和国境内依法注册的法人或其他组织。

3.1.2 法定代表人/负责人信息

查阅法定代表人/负责人身份证（或护照）。

3.1.3 财务信息

查阅审计报告、财务报表，其中审计报告为具有资质的第三方机构出具。

3.1.4 资信等级证明

查阅银行或专业评估机构出具的证明。

3.1.5 注册资本和股本结构

查阅验资报告。

3.2 ※报告证书

3.2.1 检测报告

查阅检测报告、送样样品生产过程记录以及其他支撑资料。

a) 检测报告出具机构为国家授权的专业检测机构。检测机构具有计量认证证书（CMA）及中国合格评定国家认可委员会颁发的实验室认可证书（CNAS），且证书附表检测范围涵盖被核实产品的试验项目。

b) 检测报告的委托方和产品制造方是供应商自身。

c) 不同结构产品的检测报告不可相互替代，220kV及以上产品具有系统的检测报告。

d) 检测报告符合相应的国家标准、电力行业标准、国家电网有限公司物资采购标准规定的试验项目和试验数值的要求，检测报告试验项目符合附录A。

e) 检测报告的试验类型（检测类别）是型式试验。当电缆绝缘的原材料、制造工艺、设计及结构发生变化可能改变其特性时，须重新进行完整的型式试验。

f) 国家标准、行业标准规定的检测报告有效期有差异的，以有效期短的为准；国家标准、行业标准均未明确检测报告有效期的，检测报告有效期按长期有效认定。

3.2.2 预鉴定试验报告（220kV及以上交流电缆系统与200kV及以上直流电缆系统）

查阅预鉴定试验报告、送样样品生产过程记录以及其他支撑资料。

a) 预鉴定试验报告中电缆系统包括电缆和户外终端、GIS终端（仅交流电缆系统）、绝缘接头、直通接头等附件，试验回路包括模拟阳光直射、隧道、穿管和直埋等工程实际的敷设情况，还包括电缆的蛇形敷设和按照符合规定弯曲半径的弯曲段，试验回路的长度不得小于100m。

b) 国家标准、行业标准规定的检测报告有效期有差异的，以有效期短的为准；国家标准、行业标准均未明确检测报告有效期的，检测报告有效期按长期有效认定。

3.2.3 管理体系认证

查阅管理体系认证证书，具有质量管理体系证书，证书在有效期内，有定期年检记录且认证范围涵盖被核实产品。

3.2.4 生产许可证（仅 35kV 电缆）

查阅生产许可证。

a) 生产许可证为国家质量监督检验检疫总局认可的有效资质证件，且在有效期内。

b) 被核实产品不超出生产许可证的许可范围。

3.2.5 港口经营许可证（仅海缆）

查阅经营许可证。

a) 经营许可证为国家港口行政管理部门认可的有效资质证件，且在有效期内。

b) 经营地域主要设施设备不低于 1400t 泊位。

3.3 产品业绩

查阅供货合同及相对应的销售发票。

a) 合同的供货方和实际产品的生产方均为供应商自身。

b) 不同电压等级产品业绩不可相互替代。

c) 出口业绩提供报关单，出口业绩的报关单、合同提供中文版本或经公证后的中文译本。业绩电压等级往下认可最接近的电压等级。

d) 不予统计的业绩有（不限于此）：

   1) 与同类产品制造厂之间的业绩（2015 年以后国家电网有限公司变电站整站招标的除外）；

   2) 作为元器件、组部件的业绩；

   3) 供应商与经销商、代理商之间的业绩（出口业绩除外）；

   4) 220kV 及以上电力电缆、海底电缆系统业绩中的电缆与附件的配套方案与预鉴定试验报告或系统型式试验报告中电缆与附件的配套方案不一致的业绩。

4 设计研发能力

4.1 技术来源与支持

查阅与合作支持方的协议及设计文件图纸等相关信息。

4.2 设计研发内容

查阅产品研发的设计、试验、关键工艺技术、质量控制方面的情况。

4.3 设计研发人员

查阅设计研发部门的机构设置及人员信息。

4.4 设计研发工具

查阅实际研发设计工具等相关信息。

4.5 获得专利情况

查阅与产品相关的专利证书。

4.6 参与标准制（修）订情况

查阅主持或参与制（修）订并已发布的标准及相关证明材料信息。

4.7 产品获奖情况

查阅与产品相关的省部级及以上获奖证书的相关信息。

4.8 商业信誉

查阅企业相关国家、行业或第三方发布的综合实力、品牌等排名。

5 生产制造能力

5.1 ※生产厂房

查阅不动产权证书、土地使用权证、房屋产权证、厂房设计图纸、房屋租赁合同、码头使用权证、用电客户编号等相关信息。

具有与产品生产相配套的独立封闭的厂房，不能借用、临时租用其他公司的厂房，如长期租提供租赁合同等相关证明文件。厂房面积、生产环境和工艺布局能满足被核实产品的生产要求，并有措施保障人员及产品或组部件的进出满足被核实产品的生产要求。

海缆生产具有与产品生产相配套的码头，不能借用、临时租用其他公司的码头，如长期租提供租赁合同等相关证明文件。储缆池、输缆专用通道及配套设备等能满足被核实产品的生产要求，并有措施保障人员及产品或组部件的进出及海缆工程上船装运要求。

5.2 ※生产工艺

5.2.1 工艺控制文件

查阅工艺控制文件、管理体系文件等相关信息。

各工序的作业指导书、工艺控制文件齐全、统一、规范并与现行的生产工艺一致。主要工艺环节包括导体绞制、绝缘线芯挤出、外护套挤出和金属丝铠装（仅海缆）等，其工艺文件中所规定的关键技术要求和技术参数不低于国家标准、电力行业标准、国家电网有限公司物资采购标准的规定。各工艺环节中无国家明令禁止的行为。

5.2.2 关键生产工艺控制

查阅工艺流程控制记录等相关信息。

产品工艺技术成熟、稳定。从原材料/组部件到产品入库所规定的每道工序的工艺技术能保证产品生产的需要。生产产品的各个工序按工艺文件执行，现场记录内容规范、详实，具有可追溯性。现场定置管理，有明显的标识牌，主要生产设备的操作规程图表上墙。

5.3 ※生产设备

查阅设备的现场实际情况及购买合同、发票等相关信息。

a) 具有与产品生产相适应的设备，设备自有，不能租用、借用其他公司的设备。主要生产设备如下：

    1) 35kV 电力电缆：导体绞制设备、三层共挤交联生产线、测偏仪、成缆设备（仅适用三芯电缆）、金属铠装设备、成缆金属丝铠装生产线（仅海缆）及退扭装置（仅海缆）等；

2）110（66）kV 及以上电力电缆：分割导体设备、三层共挤交联生产线、测偏仪、导体预热、金属套挤出（或焊接）设备、成缆金属丝铠装生产线（仅海缆）及退扭装置（仅海缆）等。

b) 设备使用正常，维护保养记录齐全。设备上的计量仪器、仪表具有检定报告，并在检定合格期内。

5.4 生产、技术、质量管理人员

查阅人力资源部门管理文件（如劳动合同、人员花名册等），包括生产、技术、质量管理等人员数量，结合现场实际情况，观察现场人员的操作水平。

a) 具有生产需要的专职生产及技术人员，且不得借用其他公司的人员。一线生产人员培训上岗，操作熟练。

b) 具有质量管理组织机构、质量管理部门及人员。

c) 具有人员培训记录、上岗资格证书等。

6 试验检测能力

6.1 ※试验场所

查看试验场所现场情况。

具有自己的独立、封闭的试验大厅，试验大厅尺寸满足产品试验的需要。现场实际检测背景噪声满足国家标准要求，保证产品试验的需要。试验大厅（场所）环境满足全部例行试验要求，具备完成全部例行试验的能力，例行试验项目符合附录 B。

6.2 ※试验检测管理

查阅相关的规章制度文件、过程记录及例行试验报告等相关信息。

具有试验室管理制度、操作规程、试验标准，并在操作过程中严格按照操作规程执行。

6.3 ※试验检测设备

查阅设备的现场实际情况及购买合同、发票等相关信息。

a) 具有全部例行试验项目所需的设备，具有主要原材料/组部件入厂检验的试验设备；设备齐全，不能租用、借用其他公司的设备，满足进行国家标准、电力行业标准、国家电网有限公司物资采购标准所规定的试验检测要求，例行试验不能委托其他单位进行。主要试验设备包括：工频耐压试验设备、局部放电试验设备、直流耐压试验设备［仅适用 110（66）kV 及以上］、导体电阻试验设备、光时域反射仪（仅海缆）、直流高压测试系统（仅直流电缆）等。

b) 设备使用正常，维护保养记录齐全。具有计量检定机构出具的检定报告，并在检定合格期内。

6.4 ※试验检测人员

查阅人力资源部门管理文件（如劳动合同、人员花名册等）、人员资质证书及培训记录。

试验人员能独立完成试验，操作熟练，能理解并掌握相关国家标准、电力行业标准和国家电网有限公司物资采购标准的有关规定，并具有一定的试验结果分析能力。高电压试验人员至少有 2 人，经过考核培训持证上岗。

6.5 ※现场抽样

6.5.1 抽查出厂试验报告

试验报告中试验项目齐全、数据准确无误，存档管理规范，具有可追溯性。试验原始记录保存纸质文件，并有试验人员的签字。

6.5.2 抽样检测

原则上现场应对与被核实产品相同或相近型式的产品进行抽样检验。样品应在供应商声明的合格产品中抽取，抽样检验项目一般在出厂试验项目中选取。抽样检验重点核实供应商试验方法、试验场地环境、人员操作能力、仪器设备有效性和产品性能等方面。

产品数量满足现场抽样检测要求，试验结果满足相关标准并一次通过。现场抽样试验项目如下：工频耐压试验、局部放电试验、导体直流电阻试验、外护套直流耐压试验〔110（66）kV 及以上〕、工厂接头试验（仅海缆）、光纤衰减系数测量（仅海缆）、直流电压试验（仅直流电缆）。

7 原材料/组部件管理

7.1 ※管理规章制度

查阅原材料/组部件管理规章制度。

a) 具有原材料/组部件管理制度及入厂检验规程。

b) 具有主要原材料/组部件供应商管理制度，外购原材料/组部件供应商通过质量管理体系认证。

c) 具有原材料/组部件仓储管理制度，具有可追溯的原材料/组部件使用记录，记录规范完整。

7.2 ※管理控制情况

查阅原材料/组部件管理规程、设计图纸、采购合同等相关信息。

a) 查阅主要原材料/组部件供应商出具的检测报告，包括导体、屏蔽料、绝缘料、护套材料、单模或多模光纤（仅海缆）等。

b) 查阅主要原材料/组部件的入厂检验报告，原材料/组部件按照入厂检验规程严格执行，记录明确。入厂检验规程所规定的检验项目、检验方法和检测结果满足国家标准、电力行业标准、国家电网有限公司物资采购标准要求。对于无标准要求的原材料/组部件的入厂检验，参照相关标准要求对原材料/组部件的主要质量特性进行检验。

c) 原材料/组部件供应商变更时，具有相应的报告，并在相关工艺文件中说明，保存相应的检验记录。

d) 原材料/组部件具有相对独立的存放区域和适宜的环境，定置管理，标识清晰、正确、规范、合理。

e) 设计所采用的原材料/组部件无国家明令禁止的。

f) 绝缘料、屏蔽料在有效期内使用。

8 数智制造

应用互联网和物联网技术，打造"透明工厂"，生产制造、试验检验、原材料/组部件管理等信息对买方公开，接入国家电网电工装备智慧物联平台，包括：

a) 加强数字基础设施建设，推动数字技术与先进制造技术融合发展。供应商相关业务数据、原材料/组部件检验数据、生产过程检验数据、出厂试验数据、成品信息数据和视频数据等支持自动采集或系统推送。数据接口需保障数据完整性、正确性、安全性，具有可扩展性、通信实时性等。

b) 具有原材料、组部件数据及检验数据接入条件，从原材料采购直至原材料检验入库过程中关键工艺主要包括金属杆、屏蔽料、绝缘料、护套料4项。

c) 具有工艺控制数据及检测数据接入条件，生产工艺流程中从拉丝生产开始直至外护套挤出完毕过程中关键工艺主要包括：

   1) 35kV 电力电缆：拉丝、绞线、导体绞合、三层共挤、金属屏蔽、成缆、隔离套/内衬层、铠装、外护套挤出9项。

   2) 66kV～500kV 电力电缆：拉丝、绞线、导体绞合、三层共挤、绝缘线芯去气、缓冲层绕包、金属护套、外护套挤出8项。

d) 具有出厂试验数据接入条件，从试验直至包装入箱过程中关键试验流程包括：

   1) 35kV 电力电缆：导体直流电阻试验、电压试验、局部放电试验3项。

   2) 66kV～500kV 电力电缆：导体直流电阻试验、非金属护套电气试验、电压试验、局部放电试验4项。

e) 具有视频接入条件，设备视频数据采集包括：

   1) 35kV 电力电缆：拉丝、绞线、成缆、三层共挤、金属屏蔽、铠装、护套、试验场所8个区域。

   2) 66kV～500kV 电力电缆：拉丝、绞线、导体绞合、三层共挤、绝缘线芯去气、缓冲层绕包、金属护套、外护套挤出、试验场所9个区域。

9 绿色发展

查看供应商资源能源消耗情况、战略体系、绿色认证及其他支撑材料，包括：

a) 相关油、水、气、煤及电力、热力等能源消耗，建立能源利用统计报表制度，分析生产经营环节能源利用情况。

b) 相关绿色工厂认证、绿色产品标识、绿色供应链管理等相关资质文件。

c) 将绿色发展理念融入战略体系中，并形成明确的绿色发展目标，制定详实且具有操作性的实施路径。

d) 建立、实施并保持支撑企业绿色低碳发展的绿色管理体系情况，包括但不限于能源管理体系、碳排放管理体系、能源计量管理体系等。

e) 使用无害原材料，禁止使用国家明令禁止的淘汰设备、工艺技术等，并应用国家鼓励的节能设备与先进工艺技术情况。

f) 建立完善的绿色采购管理制度，推广绿色包装材料应用，并建立系统的循环利用体系，实施绿色制造情况。

g) 生产环节的大气污染物排放、水体污染物排放、固体废弃物排放、噪声排放等基础排放符合相关国家标准及地方标准要求情况。

10 售后服务及产能

查阅管理文件、组织机构设置、人员档案、售后服务记录及附件安装所需工器具台账等相关信息。查阅以往的售后服务记录，记录完整规范，并具有可追溯性。

产品产能根据现场实际情况及供应商提供的产能计算报告，按照附录C进行核定。

本文件中所有核实内容都将对供应商参与招投标活动有重要影响，其中标记"※"的内容是以往招标必备项的要求，也是重点核实内容，其他未标记"※"的为一般核实内容。

附　录　A
型　式　试　验　报　告　项　目

A.1　交流陆地电缆

型式试验报告包含以下试验项目：

a)　弯曲试验及随后局部放电试验；

b)　$\tan\delta$ 测量；

c)　加热循环试验及随后局部放电试验（仅 35kV 电缆），
热循环电压试验及随后局部放电试验 [110（66）kV 及以上电缆]；

d)　操作冲击（330kV 及以上电缆系统）（如有裕度试验，请给出裕度最高值）；

e)　雷电冲击试验及随后的工频电压试验（如有裕度试验，请给出裕度最高值）；

f)　电容测量 [110（66）kV 及以上电缆]；

g)　检验；

h)　半导电屏蔽电阻率；

i)　电缆结构尺寸检查；

j)　绝缘老化前后机械性能试验；

k)　非金属护套老化前后机械性能试验；

l)　成品电缆段相容性老化试验；

m)　护套热失重（PVC）；

n)　护套高温压力试验压痕深度；

o)　护套低温试验（PVC）；

p)　护套热冲击试验（PVC）；

q)　XLPE 绝缘层微孔杂质试验 [110（66）kV 及以上电缆]；

r)　半导电层与绝缘层界面微孔和突起试验 [110（66）kV 及以上电缆]；

s)　XLPE 绝缘热延伸试验；

t)　护套炭黑含量（黑色 PE 护套）；

u)　XLPE 绝缘及外护套收缩试验 [110（66）kV 及以下电缆]；

v)　不延燃试验（如有）；

w)　纵向透水试验（如有）；

x)　非金属外护套刮磨试验；

y)　铝套腐蚀扩展试验；

z)　成品电缆标志的检查；

aa)　绝缘半导电屏蔽层剥离试验（仅 35kV 电缆）。

A.2　交流海底电缆

型式试验报告包含以下试验项目：

a）海底电缆和工厂接头的卷绕试验（如有）；

b）海底电缆和工厂接头的张力弯曲试验；

c）局部放电试验；

d）$\tan\delta$ 测量；

e）加热循环试验及随后局部放电试验（仅 35kV 电缆），
热循环电压试验及随后局部放电试验［110（66）kV 及以上电缆］；

f）操作冲击（330kV 及以上电缆系统）（如有裕度试验，请给出裕度最高值）；

g）雷电冲击试验及随后的工频电压试验（如有裕度试验，请给出裕度最高值）；

h）电容测量［110（66）kV 及以上电缆］；

i）检验；

j）半导电屏蔽电阻率；

k）电缆结构尺寸检查；

l）绝缘老化前后机械性能试验；

m）非金属护套老化前后机械性能试验；

n）成品电缆段相容性老化试验；

o）PE 护套高温压力试验压痕深度；

p）XLPE 绝缘层微孔杂质试验［110（66）kV 及以上电缆］；

q）半导电层与绝缘层界面微孔和突起试验［110（66）kV 及以上电缆］；

r）XLPE 绝缘热延伸试验；

s）XLPE 绝缘及 PE 外护套收缩试验［110（66）kV 及以下电缆］；

t）纵向、径向透水试验。

A.3　直流陆地电缆

型式试验报告包含以下试验项目：

a）弯曲试验；

b）负荷循环试验；

c）直流叠加操作冲击电压试验；

d）直流叠加雷电冲击电压试验及随后的直流电压试验；

e）绝缘空间电荷试验；

f）绝缘电导率试验；

g）检验；

h）半导电屏蔽电阻率；

i）电缆结构尺寸检查；

j) 绝缘老化前后机械性能试验；

k) 非金属护套老化前后机械性能试验；

l) 成品电缆段相容性老化试验；

m) 护套热失重（PVC）；

n) 护套高温压力试验压痕深度；

o) 护套低温试验（PVC）；

p) 护套热冲击试验（PVC）；

q) XLPE 绝缘层微孔杂质试验；

r) 半导电层与绝缘层界面微孔和突起试验；

s) XLPE 绝缘热延伸试验；

t) 护套炭黑含量（非阻燃型黑色 PE 护套）；

u) XLPE 绝缘收缩试验（200kV 及以下电缆）；

v) PE 外护套收缩试验；

w) 燃烧试验（如有）；

x) 透水试验（如有）；

y) 非金属外护套刮磨试验；

z) 铝套腐蚀扩展试验；

aa) 成品电缆标志的检查。

A.4 直流海底电缆

型式试验报告包含以下试验项目：

a) 海底电缆和工厂接头的卷绕试验（如有）；

b) 海底电缆和工厂接头的张力弯曲试验；

c) 负荷循环试验；

d) 直流叠加操作冲击电压试验；

e) 直流叠加雷电冲击电压试验及随后的直流电压试验；

f) 绝缘空间电荷试验；

g) 绝缘电导率试验；

h) 检验；

i) 半导电屏蔽电阻率；

j) 电缆结构尺寸检查；

k) 绝缘老化前后机械性能试验；

l) 非金属护套老化前后机械性能试验；

m) 成品电缆段相容性老化试验；

n) 护套高温压力试验压痕深度；

o) XLPE 绝缘层微孔杂质试验；

p）半导电层与绝缘层界面微孔和突起试验；

q）XLPE 绝缘热延伸试验；

r）XLPE 绝缘收缩试验（200kV 及以下电缆）；

s）PE 外护套收缩试验；

t）纵向、径向透水试验。

附 录 B
例 行 试 验 项 目

根据电缆种类的不同，例行试验按照以下项目进行：

a) 局部放电试验（仅交流）；

b) 工频电压试验（仅交流）；

c) 外护套直流耐压试验［110（66）kV 及以上电缆］；

d) 导体直流电阻试验；

e) 工厂接头试验（仅海缆）；

f) 光纤衰减系数测量（仅海缆）；

g) 直流电压试验（仅直流）。

附 录 C
产 能 计 算 公 式

不同电压等级产品产能，应按照以下产能计算：

a) 35kV 电缆：

    1) CCV 单台生产线年生产能力为 500km/年·台；

    2) VCV 单台生产线的年生产能力为 400km/年·台。

b) 110（66）kV：

    1) CCV 单台生产线年生产能力为 400km/年·台；

    2) VCV 单台生产线的年生产能力为 360km/年·台。

c) 220kV：单台生产线的年生产能力为 320km/年·台。

d) 500kV：单台生产线的年生产能力为 80km/年·台。

35kV 及以上电缆附件供应商资质能力信息核实规范

目 次

35kV 及以上电缆附件供应商资质能力信息核实规范

1 范围

本文件规定了国家电网有限公司对电缆附件产品供应商的资质条件及制造能力信息进行核实的依据。

本文件适用于国家电网有限公司 35kV 及以上电缆附件产品供应商的信息核实工作。

2 规范性引用文件

下列文件中的内容通过文中的规范性引用而构成本文件必不可少的条款。其中,注日期的引用文件,仅该日期对应的版本适用于本文件;不注日期的引用文件,其最新版本(包括所有的修改单)适用于本文件。

GB/T 311.1 绝缘配合 第 1 部分:定义、原则和规则

GB/T 26218 污秽条件下使用的高压绝缘子的选择和尺寸确定

GB/T 7354 高电压试验技术 局部放电测量

GB/T 8287 标称电压高于 1000V 系统用户内和户外支柱绝缘子

GB/T 11017.1 额定电压 110kV ($U_m=126kV$) 交联聚乙烯绝缘电力电缆及其附件 第 1 部分:试验方法和要求

GB/T 11017.3 额定电压 110kV ($U_m=126kV$) 交联聚乙烯绝缘电力电缆及其附件 第 3 部分:电缆附件

GB/T 11032 交流无间隙金属氧化物避雷器

GB/T 11604 高压电器设备无线电干扰测试方法

GB/T 12706.4 额定电压 1kV ($U_m=1.2kV$) 到 35kV ($U_m=40.5kV$) 挤包绝缘电力电缆及其附件 第 4 部分:额定电压 6kV ($U_m=7.2kV$) 到 35kV ($U_m=40.5kV$) 电力电缆附件试验要求

GB/T 14315 电力电缆导体用压接型铜、铝接线端子和连接管

GB/T 18890.1 额定电压 220kV ($U_m=252kV$) 交联聚乙烯绝缘电力电缆及其附件 第 1 部分:试验方法和要求

GB/T 18890.3 额定电压 220kV ($U_m=252kV$) 交联聚乙烯绝缘电力电缆及其附件 第 3 部分:额定电压 220kV ($U_m=252kV$) 交联聚乙烯绝缘电力电缆附件

GB/T 19666 阻燃和耐火电线电缆或光缆通则

GB/T 21429 户外和户内电气设备用空心复合绝缘子 定义、试验方法、接收准则和设计推荐

GB/T 22078.1 额定电压 500kV ($U_m=550kV$) 交联聚乙烯绝缘电力电缆及其附件

第 1 部分：额定电压 500kV(U_m=550kV)交联聚乙烯绝缘电力电缆及其附件—试验方法和要求

GB/T 22078.3 额定电压 500kV(U_m=550kV)交联聚乙烯绝缘电力电缆及其附件第 3 部分：额定电压 500kV(U_m=550kV)交联聚乙烯绝缘电力电缆附件

GB/T 23752 额定电压高于 1000V 的电气设备用承压和非承压空心瓷和玻璃绝缘子

GB/T 26218 污秽条件下使用的高压绝缘子的选择和尺寸确定

IEC 60287 电缆额定电流的计算

IEC 62271-209 高压开关和控制设备 第 209 部分：额定电压 52kV 以上气体绝缘金属封闭开关的电缆连接 充流体的及挤包绝缘电缆—充流体的和干式电缆—终端

Q/GDW13281.1 330kV 电力电缆系统采购标准 第 1 部分：通用技术规范

Q/GDW13281.2 330kV 电力电缆系统采购标准 第 2 部分：专用技术规范

国家电网有限公司企业标准和物资采购标准（2018 版） 电缆卷

国家电网有限公司企业标准和物资采购标准（2018 版） 电缆附件卷

3 资质信息

3.1 企业信息

3.1.1 ※基本信息

查阅营业执照。

供应商为中华人民共和国境内依法注册的法人或其他组织。

3.1.2 法定代表人/负责人信息

查阅法定代表人/负责人身份证（或护照）。

3.1.3 财务信息

查阅审计报告、财务报表，其中审计报告为具有资质的第三方机构出具。

3.1.4 资信等级证明

查阅银行或专业评估机构出具的证明。

3.1.5 注册资本和股本结构

查阅验资报告。

3.2 报告证书

3.2.1 ※检测报告

查阅检测报告、送样样品生产过程记录以及其他支撑资料。

a) 检测报告出具机构为国家授权的专业检测机构。检测机构具有计量认证证书（CMA）及中国合格评定国家认可委员会颁发的实验室认可证书（CNAS），且证书附表检测范围涵盖被核实产品的试验项目。

b) 检测报告的委托方和产品制造方是供应商自身。

c) 不同结构产品的检测报告不可相互替代，220kV 及以上产品具有系统的检测报告。

d) 检测报告符合相应的国家标准、电力行业标准、国家电网有限公司物资采购标准规定的试验项目和试验数值的要求，检测报告试验项目符合附录 A。

e) 当电缆附件的原材料、制造工艺、设计及结构发生变化可能改变其特性时，须重新进行完整的型式试验。

f) 国家标准、行业标准规定的检测报告有效期有差异的，以有效期短的为准；国家标准、行业标准均未明确检测报告有效期的，检测报告有效期按长期有效认定。

3.2.2 预鉴定试验报告（220kV 及以上电缆系统）

查阅预鉴定试验报告、送样样品生产过程记录以及其他支撑资料。

a) 预鉴定试验报告中电缆系统包括电缆和户外终端、GIS 终端（仅交流电缆系统）、绝缘接头、直通接头等附件，试验回路至少包括模拟阳光直射、隧道、穿管和直埋等工程实际的敷设情况，还包括电缆的蛇形敷设和按照符合规定弯曲半径的弯曲段，试验回路的长度不得小于 100m。

b) 国家标准、行业标准规定的检测报告有效期有差异的，以有效期短的为准；国家标准、行业标准均未明确检测报告有效期的，检测报告有效期按长期有效认定。

3.2.3 ※管理体系认证

查阅管理体系认证证书，具有质量管理体系证书，证书在有效期内，有定期年检记录且认证范围涵盖被核实产品。

3.3 产品业绩

查阅供货合同及相对应的销售发票。

a) 合同的供货方和实际产品的生产方均为供应商自身。

b) 不同电压等级产品业绩不可相互替代。

c) 出口业绩提供报关单，出口业绩的报关单、合同提供中文版本或经公证后的中文译本。业绩电压等级往下认可最接近的电压等级。

d) 不予统计的业绩有（不限于此）：

1) 与同类产品制造厂之间的业绩（2015 年以后国家电网有限公司变电站整站招标的除外）；

2) 作为元器件、组部件的业绩；

3) 供应商与经销商、代理商之间的业绩（出口业绩除外）。

4 设计研发能力

4.1 技术来源与支持

查阅与合作支持方的协议及设计文件图纸等相关信息。

4.2 设计研发内容

查阅产品研发的设计、试验、关键工艺技术、质量控制方面的情况。

4.3 设计研发人员

查阅设计研发部门的机构设置及人员信息。

4.4 设计研发工具

查阅实际研发设计工具等相关信息。

4.5 获得专利情况

查阅与产品相关的专利证书。

4.6 参与标准制（修）订情况

查阅主持或参与制（修）订并已发布的标准及相关证明材料信息。

4.7 产品获奖情况

查阅与产品相关的省部级及以上获奖证书的相关信息。

4.8 商业信誉

查阅企业相关国家、行业或第三方发布的综合实力、品牌等排名。

5 生产制造能力

5.1 ※生产厂房

查阅不动产权证书、土地使用权证、房屋产权证、厂房设计图纸、房屋租赁合同、用电客户编号等相关信息。

具有与产品生产相配套的独立封闭的厂房，不能借用或临时租用其他公司的厂房，如长期租用提供租赁合同等相关证明文件。厂房面积、生产环境和工艺布局能满足被核实产品的生产要求，并有措施保障人员及产品或组部件的进出满足被核实产品的生产要求。

5.2 ※生产工艺

5.2.1 工艺控制文件

查阅工艺控制文件及管理体系文件等相关信息。

各工序的作业指导书、工艺控制文件齐全、统一、规范并与现行的生产工艺一致。主要工艺环节包括橡料混制、应力锥半导电件、应力锥绝缘件、预制终端及接头等，其工艺文件中所依据的标准不低于国家标准、电力行业标准、国家电网有限公司物资采购标准。各工艺环节中无国家明令禁止的行为。

5.2.2 关键生产工艺控制

查阅工艺流程控制记录等相关信息。

产品工艺技术成熟、稳定。从原材料/组部件到产品入库所规定的每道工序的工艺技术能保证产品生产的需要。生产产品的各个工序按工艺文件执行，现场记录内容规范、详实，具有可追溯性。现场定置管理，有明显的标识牌，主要生产设备的操作规程图表上墙。

5.3 ※生产设备

查阅设备的现场实际情况及购买合同、发票等相关信息。

a) 具有与产品生产相适应的设备，设备自有，不能租用、借用其他公司的设备。产品应力锥和预制橡胶绝缘件需自行生产，不可外购。主要生产设备包括：注橡机、打磨设备等。如原材料采用液体硅橡胶，还需配置自动配料机。

b) 设备使用正常，维修保养记录齐全，设备上的计量仪器、仪表具有检定报告，并在检定合格期内。

5.4 生产、技术、质量管理人员

查阅人力资源部门管理文件（如劳动合同、人员花名册等），包括生产、技术、质量管理等人员数量，结合现场实际情况，观察现场人员的操作水平。

a) 具有生产需要的专职生产及技术人员，且不得借用其他公司的人员。一线生产人员培训上岗，操作熟练。

b) 具有质量管理组织机构、质量管理部门及人员。

6 试验检测能力

6.1 ※试验场所

查看试验场所现场情况。

具有独立的试验大厅（场所），试验大厅（场所）尺寸和屏蔽性能满足产品试验的需要。现场实际检测背景噪声满足国家标准要求，保证产品试验的需要。试验大厅（场所）环境满足全部例行试验要求，具备完成全部例行试验的能力，例行试验项目符合附录B。

6.2 ※试验检测管理

查阅相关的规章制度文件、原始过程记录及例行试验报告等相关信息。

具有试验室管理制度、操作规程、试验标准，并在操作过程中严格按照规程执行。

6.3 ※试验检测设备

查阅设备的现场实际情况及购买合同、发票等相关信息。

a) 具有全部例行试验项目所需的设备，具有主要原材料组部件入厂检验的试验设备；设备齐全，不能租用、借用其他公司的设备，满足进行国家标准、电力行业标准、国家电网有限公司物资采购标准所规定的试验检测要求，例行试验不能委托其他单位进行。主要试验设备包括：工频耐压试验设备、局部放电试验设备等。

b) 设备使用正常，维修保养记录齐全，具有计量检定机构出具的检定报告，并在检定合格期内。

6.4 ※试验检测人员

查阅人力资源部门管理文件（如劳动合同、人员花名册等）、人员资质证书及培训记录。

试验人员能独立完成试验，操作熟练，能理解并掌握相关国家标准、电力行业标准和国家电网有限公司物资采购标准的有关规定，并具有一定的试验结果分析能力。高电压试验人员至少有2人，经过考核培训持证上岗。

6.5 ※现场抽样

6.5.1 抽查出厂试验报告

试验报告中试验项目齐全、数据准确无误，存档管理规范，具有可追溯性。试验原始记录保存纸质文件，并有试验人员的签字。

6.5.2 抽样检测

原则上现场应对与被核实产品相同或相近型式的产品进行抽样检验。样品应在供应商声明的合格产品中抽取，抽样检验项目一般在出厂试验项目中选取。抽样检验重点核实供应商试验方法、试验场地环境、人员操作能力、仪器设备有效性和产品性能等方面。

产品数量满足现场抽样检测要求，试验结果满足相关标准并一次通过。现场抽样试验项目包括工频耐压试验、局部放电试验、密封试验（220kV 及以上）。

7　原材料/组部件管理

7.1　※管理规章制度

查阅原材料/组部件管理规章制度。

a)　具有原材料/组部件管理制度及入厂检验规程。

b)　具有主要原材料/组部件供应商管理制度，外购原材料/组部件供应商通过质量管理体系认证。

c)　具有原材料/组部件仓储管理制度，具有可追溯的原材料/组部件使用记录，记录规范完整。

7.2　※管理控制情况

查阅原材料/组部件管理规程、设计图纸、采购合同等相关信息。

a)　查阅主要原材料/组部件供应商出具的检测报告，包括金具、屏蔽料、绝缘料、套管等。

b)　查阅主要原材料/组部件的入厂检验报告，原材料/组部件按照入厂检验规程严格执行，记录明确。入厂检验规程所规定的检验项目、检验方法和检测结果满足国家标准、电力行业标准和国家电网有限公司物资采购标准要求。对于无标准要求的原材料/组部件的入厂检验，参照相关标准要求对原材料/组部件的主要质量特性进行检验。

c)　原材料/组部件供应商变更时，具有相应的报告，并在相关工艺文件中说明，保存相应的检验记录。

d)　原材料/组部件具有相对独立的存放区域和适宜的环境，定置管理，标识清晰、正确、规范、合理。

e)　设计所采用的原材料/组部件无国家明令禁止的。

f)　绝缘料、屏蔽料应在有效期内使用。

8　数智制造

应用互联网和物联网技术，打造"透明工厂"，生产制造、试验检验、原材料/组部件管理等信息对买方公开，接入国家电网电工装备智慧物联平台。

加强数字基础设施建设，推动数字技术与先进制造技术融合发展。供应商相关业务数据、原材料/组部件检验数据、生产过程检验数据、出厂试验数据、成品信息数据和视频数据等支持自动采集或系统推送。数据接口需保障数据完整性、正确性、安全性，具有可扩展性、通信实时性等。

9 绿色发展

查看供应商资源能源消耗情况、战略体系、绿色认证及其他支撑材料，包括：

a) 相关油、水、气、煤及电力、热力等能源消耗，建立能源利用统计报表制度，分析生产经营环节能源利用情况。

b) 相关绿色工厂认证、绿色产品标识、绿色供应链管理等相关资质文件。

c) 将绿色发展理念融入战略体系中，并形成明确的绿色发展目标，制定详实具有操作性的实施路径。

d) 建立、实施并保持支撑企业绿色低碳发展的绿色管理体系情况，包括但不限于能源管理体系、碳排放管理体系、能源计量管理体系等。

e) 使用无害原材料，禁止使用国家明令禁止的淘汰设备、工艺技术等，并应用国家鼓励的节能设备与先进工艺技术情况。

f) 建立完善的绿色采购管理制度，推广绿色包装材料应用，并建立系统的循环利用体系，实施绿色制造情况。

g) 生产环节的大气污染物排放、水体污染物排放、固体废弃物排放、噪声排放等基础排放符合相关国家标准及地方标准要求情况。

10 售后服务及产能

查阅售后服务管理文件、组织机构设置、人员档案、售后服务记录及电缆附件安装人员及所需工器具台账等相关信息。查阅以往的售后服务记录，记录完整规范，并具有可追溯性。

产品产能根据现场实际情况及供应商提供的产能计算报告，按照附录 C 进行核定。

本文件中所有核实内容都将对供应商参与招投标活动有重要影响，其中标记"※"的内容是以往招标必备项的要求，也是重点核实内容，其他未标记"※"的为一般核实内容。

附 录 A
型 式 试 验 报 告 项 目

A.1 110（66）kV 及以上电缆附件

A.1.1 户外终端

户外终端的型式试验报告项目如下：

a) 环境温度下的局部放电试验；

b) 热循环电压试验；

c) 高温和室温下的局部放电试验；

d) 雷电冲击电压试验及随后的工频电压试验；

e) 终端组装后的密封试验；

f) 短时（1min）工频电压试验（湿式）；

g) 无线电干扰试验；

h) 附件检验；

i) 支柱绝缘子的电压试验。

A.1.2 GIS 终端

GIS 终端的型式试验报告项目如下：

a) 环境温度下的局部放电试验；

b) 热循环电压试验；

c) 高温和室温下的局部放电试验；

d) 雷电冲击电压试验及随后的工频电压试验；

e) 组装后的密封试验；

f) 附件检验。

A.1.3 油浸终端

油浸终端的型式试验报告项目如下：

a) 环境温度下的局部放电试验；

b) 热循环电压试验；

c) 高温和室温下的局部放电试验；

d) 雷电冲击电压试验及随后的工频电压试验；

e) 组装后的密封试验；

f) 附件检验。

A.1.4 直通接头

直通接头的型式试验报告项目如下：

a) 环境温度下的局部放电试验；

b) 热循环电压试验；

c) 高温和室温下的局部放电试验；

d) 雷电冲击电压试验及随后的工频电压试验；

e) 接头的外保护层试验；

f) 附件检验。

A.1.5 绝缘接头

绝缘接头的型式试验报告项目如下：

a) 环境温度下的局部放电试验；

b) 热循环电压试验；

c) 高温和室温下的局部放电试验；

d) 雷电冲击电压试验及随后的工频电压试验；

e) 接头的外保护层试验；

f) 附件检验。

A.2 35kV 电缆附件

35kV 电缆附件的型式试验报告项目按照终端种类进行，具体项目如下：

a) 工频电压试验；

b) 1min 工频耐压试验（淋雨）（户外终端）；

c) 直流耐压试验；

d) 环境温度下的局部放电试验；

e) 高温雷电冲击电压试验；

f) 热循环电压试验；

g) 高温和室温下的局部放电试验；

h) 雷电冲击试验；

i) 浸水试验（户外终端）；

j) 导体短路热稳定试验；

k) 屏蔽短路热稳定试验（如有）；

l) 导体短路动稳定试验；

m) 动热稳定试验后雷电冲击及工频电压试验；

n) 潮湿试验（户内终端）；

o) 盐雾试验（户外终端）；

p) 附件检验。

附 录 B
例 行 试 验 项 目

例行试验按照以下项目进行试验：

a) 局部放电试验；

b) 工频电压试验；

c) 密封试验（220kV 及以上）。

附 录 C
产 能 计 算 公 式

单台设备年生产能力如下：

a) 35kV 年产能：终端 2000 套；中间接头 1000 套。

b) 110（66）kV 年产能：户外终端 720 套；GIS 终端 720 套；中间接头 360 套。

c) 220kV 年产能：户外终端 360 套；GIS 终端 360 套；中间接头 180 套。

单台试验设备的年试验能力如下：

a) 35kV：2000 套。

b) 110（66）kV：1600 套。

c) 220kV：1200 套。

注：生产能力强于试验能力的，按试验能力计算；试验能力强于生产能力的，按生产能力计算。